BIBLIOTECA ESEN[CIAL]

LA PRES[ENTACIÓN]
CONVI[N]CENTE

TIM HINDLE

grijalbo

UN LIBRO DE DORLING KINDERSLEY

Editor del proyecto Sasha Heseltine
Editor David Tombesi-Walton
Diseñador Elaine C. Monaghan,
Austin Barlow
Editora adjunta Felicity Crowe
Diseñadora adjunta Laura Watson

Diseñador DTP Jason Little
Control de producción Alison Jones

Editora de la serie Jane Simmonds
Editora artística de la serie Jayne Jones

Jefa de redacción Stephanie Jackson
Jefe de arte Nigel Duffield

Título original: *Making Presentations*

Traducción de: Irene Saslawsky

Copyright © 1998 Dorling Kindersley Limited, Londres
Copyright del texto © 1998 Tim Hindle
Copyright © 1998 Grijalbo Mondadori, S.A.
Aragó 385 – Barcelona

ISBN 84-253-3268-0

Impreso en Italia por Graficom

ÍNDICE

PREPÁRESE

HACER UNA EXPOSICIÓN ORAL

EL PÚBLICO

INTRODUCCIÓN

Ya sea usted un orador experimentado o novato, *La presentación convincente aumentará su destreza como conferenciante y también le ayudará con la planificación, la preparación y la ejecución. Las técnicas para hablar con seguridad, elegir apoyos audiovisuales y responder a las preguntas del público, por ejemplo, se explican aquí con claridad y le ofrecemos consejos prácticos que le proporcionarán la seguridad necesaria para desenvolverse en situaciones reales de un modo profesional, al tiempo que 101 consejos diseminados a lo largo del libro le ofrecen otras tantas informaciones esenciales. Finalmente, un ejercicio de autoevaluación le permitirá evaluar sus progresos después de cada ponencia. Este libro proporciona una información inestimable, que podrá emplear una y otra vez a medida que aumente su destreza como conferenciante.*

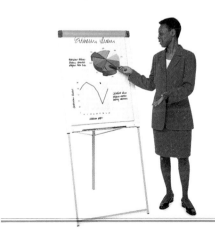

PREPARE UN DISCURSO

Un buen discurso tiene dos secretos: la preparación y la práctica.
Tómese el tiempo necesario para prepararse y las posibilidades
de éxito aumentarán considerablemente.

DEFINA EL OBJETIVO

¿*Qué desea comunicarle al público?
Antes de empezar a preparar
su discurso, decida cuál es su objetivo.
Debe tener presente el objetivo a lo largo
de su disertación para asegurar que
resulte eficaz.*

 Una vez redactado
el discurso,
acórtelo, acórtelo
y acórtelo.

PUNTOS QUE RECORDAR

● La exposición debe ser pertinente,
sencilla y precisa.

● Logrará impresionar al público
gracias a la profundidad y la
amplitud de sus conocimientos más
que por un alarde de inteligencia
y humor impostados.

● La actitud positiva, la energía y el
entusiasmo que despliegue durante
su conferencia serán recordadas
por el público mucho tiempo
después de haber olvidado los
detalles de su discurso.

REFLEXIONE ACERCA DE LOS OBJETIVOS

Lo primero que ha de tener en cuenta es qué piensa
decirle al público y la mejor manera de comunicar el
mensaje. La estrategia dependerá de tres cosas: el tipo
de mensaje que desee transmitir, las características
del público y del escenario del discurso.

Revise el objetivo de ésta y pregúntese si es
suficientemente sencilla o excesivamente compleja.
Considere quiénes podrían formar parte del público
y cómo reaccionarían frente a su discurso. Después
pregúntese si ésa es la reacción deseada. Si no fuera
así, modifique su objetivo.

Evalúe su destreza

A menos que uno sea un actor profesional, es difícil intentar ser otra persona. Debe concentrarse en definir y utilizar sus mejores bazas. Por ejemplo: si tiene una buena voz, aprovéchela; si está dotado para ello, relate una anécdota breve pero pertinente. Después, enfréntese a los temores y las ansiedades que le provoca tener que dirigirse a un público, para asegurarse de estar preparado el día del discurso.

2 Agrupe ideas similares para definir temas.

HABLE CON ▶ SEGURIDAD
Durante la exposición debe emplear técnicas que le resulten cómodas. Ello le ayudará a controlar sus nervios una vez que se encuentre ante el público.

Reduzca sus temores

TEMORES HABITUALES	SOLUCIONES PRÁCTICAS
NERVIOSISMO EXCESIVO No logra relajarse. Olvida lo que intenta decir y se queda en blanco.	Prepárese ensayando delante de un espejo y, si es posible, en el escenario donde hablará. Asegúrese de que sus notas siempre estén a la vista. Inspire profundamente y sonría.
PÚBLICO ABURRIDO El público pierde el interés, está incómodo y habla entre sí.	Asegúrese de que todo lo que intenta decir sea pertinente; si no lo fuera, elimínelo. Demuestre entusiasmo. Varíe el ritmo de la ponencia y mire al público.
PÚBLICO HOSTIL Le acosan. Las preguntas del público son agresivas.	No deje de ser amable y cortés. Si el público es especialista en el tema expuesto, trátelo con deferencia y revierta las preguntas difíciles al público.
LOS APOYOS AUDIOVISUALES NO FUNCIONAN El equipo deja de funcionar o usted no recuerda cómo utilizarlo.	Evite el empleo de cualquier tecnología con la que no esté familiarizado. Poco antes de la conferencia debe revisar todo el equipo.

CONOZCA AL PÚBLICO

Intente descubrir quién asistirá a su discurso. ¿Ha invitado a una parte del público? ¿Son colegas suyos? Una vez que sepa quién asistirá, estructure su discurso para provocar una respuesta positiva.

3 Asegúrese de que el público abandone el lugar del discurso bien informado.

PREGUNTAS QUE PLANTEARSE

- P ¿Cuán numeroso será el público?
- P ¿Cuál la edad promedio del público?
- P ¿Cuál la proporción de hombres y mujeres?
- P ¿El público conoce el tema de su discurso?
- P ¿Ha elegido el público estar presente o ha sido invitado?
- P ¿Qué tienen en común los miembros del público?
- P ¿Qué prejuicios alberga el público?
- P ¿Cuál es la formación cultural del público?
- P ¿Es usted conocido por todos o por algún miembro del público?

4 El tono del discurso debe ser personal; evite la impersonalidad.

EVALÚE UN PÚBLICO

Para comunicar el mensaje con eficacia, deberá tener en cuenta los valores culturales y las opiniones del público. Considere su reacción frente a cualquier tema delicado suscitado por su exposición, y tenga en cuenta que podría afectar al resto del discurso. Si sabe que los miembros del público albergan opiniones muy arraigadas acerca del tema elegido, no introduzca temas controvertidos sin respaldar su punto de vista y recuerde que el humor puede resultar ofensivo; empléelo con moderación.

OBTENGA MÁS INFORMACIÓN

La principal fuente de información acerca del público será el organizador. Si su exposición formará parte de un ciclo, solicite una lista de los delegados por anticipado. Si está destinada a un posible nuevo cliente, pida información acerca de éste a sus contactos en la industria del ramo. Antes de dirigirse a un público, tómese el tiempo de leer la prensa local para descubrir los temas que podrían resultarle de interés. Aproveche esta información previa al máximo: un discurso que conecte directamente con los miembros del público y demuestre que ha investigado los antecedentes será bien recibido.

Sepa adaptarse

El número de los asistentes tendrá un impacto considerable en la manera de estructurar la ponencia. Si se trata de un grupo reducido, hay muchas oportunidades para la interacción en ambos sentidos; puede responderse a medida que hable, o puede solicitar la opinión del público acerca de las preguntas y los temas planteados. Si el público es numeroso, la comunicación es casi unidireccional, y el disertante debe optar por un enfoque diferente. Es esencial que el material sea claro, preciso y fácil de seguir para que el interés del público no decaiga.

> **5** Procure lograr el mayor compromiso posible del público con la presentación.

Adapte la exposición al número de asistentes

Asistentes	Estilos de presentación	Técnicas
GRUPO REDUCIDO Un grupo de menos de 15 personas se considera reducido. En algún momento de la carrera profesional, todo el mundo se ve obligado a dirigirse a un público así.	**FORMAL** En consejos de administración, en reuniones de ventas a posibles clientes y en los informes empresariales o administrativos deberá optar por un estilo formal.	● Empiece por mantener el contacto visual con todos los miembros del grupo. ● Siempre debe estar de frente al público; mantendrá su atención.
	INFORMAL Para romper el hielo opte por la informalidad al presentar productos nuevos a proveedores conocidos y en las exposiciones ante colegas.	● Relaciónese con el público solicitando que le pregunten. ● Permita las manifestaciones individuales, pero que sean breves.
GRUPO AMPLIO Uno compuesto por 15 o más individuos se considera amplio. Es más fácil dirigirse a éste si se tiene experiencia previa en hablar en público. 	**FORMAL** Adopte un estilo formal al pronunciar un discurso durante una conferencia o en la asamblea general anual de una empresa pública.	● Asegúrese de que todos los miembros del público lo oigan con claridad, especialmente los que están más alejados de usted. ● Relacione, resuma, destaque y repita los puntos principales.
	INFORMAL En una conferencia formal ha de adoptar un estilo informal al hacer una argumentación espontánea desde el público.	● Hable lentamente y articule bien. ● El mensaje debe ser amplio, general y sencillo. Sólo detalle si se lo solicitan.

RESUELVA LA LOGÍSTICA

Sólo una organización meticulosa asegurará que su discurso resulte eficaz. Una planificación previa y cuidadosa de los detalles prácticos le permitirá concentrarse en perfeccionar su exposición oral.

6 Visite el ámbito previamente para familiarizarse con él.

CONSIDERAR LOS PUNTOS CLAVES AL PRINCIPIO

LOGÍSTICA

¿Quién organiza las conferencias? → Averigüe y obtenga todos los detalles.

¿Cómo se desplazará hasta allí? → Planifique el viaje.

ESCENARIO

¿Cuál es el tamaño y la forma del escenario? → Solicite un plano del lugar de la expresión oral al organizador.

¿De qué equipo dispondrá? → Piense si necesitará algún equipo audiovisual.

PROGRAMA

¿Quiénes hablarán previamente? → Averigüe si tendrá la oportunidad de escucharlos.

¿Quién lo presentará? → Asegúrese de que esté informado.

ORGANICE UN PLAN DE TRABAJO

Reflexione acerca de todo el ciclo de conferencias con anterioridad. Si debe hacer el discurso fuera de su ciudad, deberá planificar el viaje y el alojamiento con bastante antelación. Intente disponer de unas tres horas el día de la exposición, o la noche anterior, para prepararse, tanto mental como físicamente. También debería disponer de una hora para pensar en el discurso y, dentro de lo posible, ensayarlo en el escenario donde tendrá lugar. Escoja bien la ropa y asegúrese de que esté bien limpia y planchada. Si es el primer (o el único) disertante, compruebe que el equipo que utilizará funciona.

7 Haga una lista de los preparativos para el día en cuestión.

PLANIFIQUE EL DESPLAZAMIENTO

Calcule la hora de la partida cuidadosamente pera evitar llegar con retraso y disponer del tiempo suficiente para prepararse. Calcule la hora a la que desea llegar sumándole las horas de viaje; añada al menos una hora como intervalo de seguridad. Tenga en cuenta los retrasos y, si viaja en avión, añada el tiempo que le lleva desplazarse desde el aeropuerto. El programa debe incluir el tiempo suficiente para descansar y sobreponerse al desfase horario si es el caso.

> **8** Llévese trabajo para estar ocupado durante el viaje.

ANALICE SUS NECESIDADES

¿Dónde tendrá lugar su exposición? → *Intente combinarlo con otra visita a la zona.*

¿Cómo se desplazará? → *Obtenga cualquier medicación necesaria para el mareo.*

¿Debe considerar el desfase horario?

¿Cuánto durará el viaje? → *Intente emplear el tiempo de manera eficaz.*

¿Debe buscar alojamiento? → *Haga un plan de gastos.*

PREPÁRESE CON ANTELACIÓN

Los discursos de más éxito son los informales, que aunque parecen hechos sin esfuerzo, son el resultado de una preparación e investigación exhaustivas. El discurso de un presidente de empresa ante los accionistas puede llevar varias semanas redactarlo y corregirlo hasta que resulta adecuado, mientras que una exposición introductoria para novatos en prácticas significará bastante trabajo inicial, pero luego sólo requerirá una corrección de última hora. Prepárese al menos cuatro semanas antes de su disertación para disponer de tiempo suficiente para formular ideas y reunir cualquier material de referencia necesario. Puede que, a medida que aumente su experiencia, el tiempo que necesite sea menor.

> **9** Por cada hora de discurso debe calcular 10 horas de preparación.

PREPARE ITINERARIOS Y LISTAS DE PUNTOS QUE TRATAR

Incluso los conferenciantes más organizados deben recordar muchos aspectos prácticos antes de pronunciar un discurso. Preparar un itinerario y hacer una lista de todos los materiales y elementos necesarios es tan esencial como ensayar el discurso. Lo más seguro es hacer una lista de los puntos que quiere tratar. Revise la lista e intente preveer cualquier inconveniente posible. Si la disertación no es en su lugar de trabajo, deje un número de teléfono para que sus colegas puedan ponerse en contacto con usted durante el día. Asegúrese de que sepan la hora de la exposición oral y pídales que no lo interrumpan justo antes o durante ésta, salvo en caso de emergencia.

10 Confirme por escrito todos los detalles con los organizadores.

11 Compruebe siempre la pericia de los oradores invitados.

PUNTOS QUE RECORDAR

- Siempre deberá comprobar que los posibles escenarios sean adecuados.
- El número de asistentes juega un papel clave en la elección del escenario.
- En la mayoría de los casos, las opiniones personales no deben influir en la elección de los oradores invitados.
- Debe confeccionar una lista de oradores sustitutos por si el elegido no puede asistir.
- Dentro de lo posible siempre ha de evitar las rivalidades profesionales entre los oradores invitados.
- El moderador siempre debe canalizar las preguntas directas o los comentarios del público.
- Los detalles de las fechas, los escenarios y los turnos de oradores deben darse a conocer por adelantado.

ORGANIZAR UN CICLO

Si le piden que organice un ciclo, hay varias decisiones importantes que tomar con anterioridad, relativas al escenario, los oradores y el número de asistentes. Para comparar sus ventajas y desventajas, prepare una lista de los escenarios posibles, teniendo en cuenta el coste, la situación, la capacidad y las instalaciones. Opte por un lugar adecuado al número de asistentes y el tipo del ciclo. Transmita todos estos detalles a los otros oradores para que puedan organizar sus exposiciones en consonancia. Considere otro escenario por si el elegido en primera instancia no estuviera disponible en la fecha requerida. Al considerar a los oradores invitados deberá comprobar sus credenciales para asegurarse de que sean competentes. Avíseles con tiempo y vuelva a confirmar los detalles antes de las fechas del ciclo. Al igual que con los escenarios, debe disponer de otros posibles oradores.

ORGANIZAR UNA EXPOSICIÓN COLECTIVA

En este caso, deberá tener en cuenta algunos puntos adicionales. El secreto de una buena exposición colectiva consiste en mantener el control para que la reunión no sea un caos al no respetar los oradores su turno. Comente previamente los turnos de los intervinentes, para que cada uno conozca su turno. Es importante respetar los turnos. Debe designar un moderador solvente que regule la reunión.

Al organizar una exposición colectiva debe investigar cuidadosamente los antecedentes de los oradores elegidos: un equilibrio entre los participantes resulta esencial. Si sus ideas fueran demasiado afines, sus discursos generarán pocos comentarios; en el caso contrario, podrían generarse reacciones hostiles. Si fuera necesario, incluya el tiempo suficiente para una sesión de preguntas y respuestas al final entre los intervinentes y el público.

COSAS QUE HACER

1. Reserve un escenario adecuado para una disertación colectiva.
2. Compruebe que no exista hostilidad personal entre los oradores propuestos.
3. Invite a los oradores y confirme su asistencia.
4. Comente el turno de los discursos.
5. Elabore un programa estricto.
6. Designe a una persona solvente como moderador.

12 Investigue el público antes de enviar las invitaciones.

INVITAR A UN PÚBLICO

Al considerar quién debería asistir, tenga en cuenta los puntos siguientes:
- ¿Para quién resultaría provechosa la información presentada?
- ¿Qué le gustaría que el público aprendiera?
- ¿Cómo comunicarse con el público elegido?

Planificar la publicidad es parte esencial del proceso de organización. Una vez que haya decidido a qué público desea llegar, asegúrese de que la publicidad aparezca en el medio adecuado, por ejemplo en una revista del ramo. La hora, la fecha y el lugar deben ser bien visibles. Envíe invitaciones personales a las personas en cuya asistencia está interesado.

CONOZCA EL ESCENARIO

Si es posible, visite el lugar elegido con anterioridad para conocer sus detalles. Si no lo fuera, solicite el envío de un plano detallado con las instalaciones a los organizadores. Tenga en cuenta la iluminación, la acústica, los asientos y los enchufes.

13 Evalúe todos los detalles del escenario aunque parezcan irrelevantes.

EVALÚE EL ESCENARIO

El lugar determinará el clima de la reunión. El estado de ánimo del público asistente a reunión informal en un aula soleada en la universidad será muy diferente del presente en un frío salón de conferencias de un hotel. Si visita el escenario con anterioridad, anote todos los detalles posibles, incluyendo el ambiente y las dimensiones. Evalúe el escenario a la misma hora en la que se celebrará la ponencia; así podrá tomar decisiones fundamentadas acerca de la iluminación y los asientos. Aproveche la oportunidad para comprobar la ubicación de las puertas de acceso, los enchufes, los interruptores y el bufé.

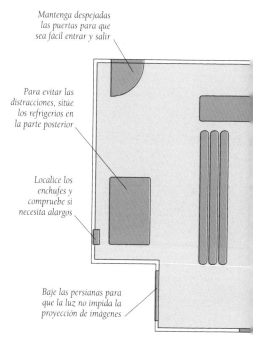

Mantenga despejadas las puertas para que sea fácil entrar y salir

Para evitar las distracciones, sitúe los refrigerios en la parte posterior

Localice los enchufes y compruebe si necesita alargos

Baje las persianas para que la luz no impida la proyección de imágenes

14 Localice los interruptores para poder atenuar la iluminación rápidamente y utilizar los apoyos visuales.

▲ EVALÚE LO FUNDAMENTAL
Al visitar un escenario por adelantado, intente descubrir si existen elementos que dificulten la visibilidad del público. Compruebe la situación de los accesos, enchufes y otros detalles, entre ellos el ambiente de la sala.

15 Determine la ubicación de los apoyos visuales por adelantado.

CONSIDERE LOS DETALLES

Al evaluar un escenario tenga en cuenta su ubicación: ¿Es accesible para el público? ¿Está cerca de un aeropuerto, estación de ferrocarril o metro? ¿Lo sobrevuelan aviones o está cerca de un restaurante ruidoso? ¿Contiene elementos fijos que podrían obstruir la visión del público? En ese caso, planifique la disposición de los asientos. ¿Puede controlar la calefacción o el aire acondicionado? En ese caso, regule la temperatura un poco por debajo de lo normal, ya que un número amplio de asistentes generará bastante calor.

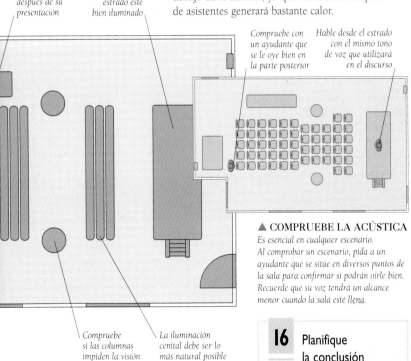

Disponga un sitio para que el público pueda recoger trípticos y similares después de su presentación

Asegúrese de que el estrado esté bien iluminado

Compruebe con un ayudante que se le oye bien en la parte posterior

Hable desde el estrado con el mismo tono de voz que utilizará en el discurso

Compruebe si las columnas impiden la visión del público

La iluminación cenital debe ser lo más natural posible

▲ COMPRUEBE LA ACÚSTICA
Es esencial en cualquier escenario. Al comprobar un escenario, pida a un ayudante que se sitúe en diversos puntos de la sala para confirmar si podrán oirle bien. Recuerde que su voz tendrá un alcance menor cuando la sala esté llena.

16 Planifique la conclusión y despedida.

DISPONGA LOS ASIENTOS

El público debe estar cómodamente sentado, pero deberá evitar que se adormile por un exceso de comodidad, o que esté tan incómodo que empiece a removerse antes del final de la ponencia. Idealmente, las sillas deben tener el respaldo recto y ser del mismo tamaño. Si los asientos no son fijos, coloque las sillas a una distancia que permita que los asistentes sitúen sus bolsos y maletines en el suelo. Esta separación también evitará una sensación de claustrofobia. Si cree que el público tomará notas durante la ponencia, haga que se coloquen sillas con brazos. Para asegurarse de que los primeros asientos ocupados sean los de la parte delantera de la sala, quite sillas de la parte posterior. Debe disponer algunas sillas suplementarias para los que lleguen tarde. Finalmente, asegúrese de que la disposición de los asientos cumpla con las normas de seguridad.

No se ve bien desde la última fila

Los ocupantes de los asientos cercanos al orador lo ven razonablemente bien

El orador puede mantener el contacto visual con facilidad

▲ DISPOSICIÓN UNO
Una serie de hileras rectas y estrechas permite el contacto visual con todo el público. Sin embargo, esta disposición no permite una buena visión ni una acústica adecuada en la parte posterior del ámbito.

Un asistente que ocupe este lugar no verá bien al ponente

Incluso los asistentes más alejados lo verán bien

 Es difícil mantener el contacto visual con todos los asistentes

 El orador puede ver a todos los asistentes

▲ DISPOSICIÓN DOS
En este caso, el mismo número de asistentes que en la situación uno están sentados cerca del orador. La mayoría lo ve con claridad y está suficientemente cerca para poder escuchar bien la disertación. El orador debe esforzarse para mantener el contacto visual con todos.

▲ DISPOSICIÓN TRES
Esta disposición en semicírculo es muy popular, ya que proporciona la mejor acústica y visibilidad. La desventaja es que ocupa más espacio que las dos anteriores. El orador puede mantener un buen contacto visual con todos los asistentes.

COMPRUEBE LA INSTALACIÓN AUDIOVISUAL

Si piensa utilizar apoyos audiovisuales, debe comprobar que las instalaciones del lugar funcionan correctamente. Debe familiarizarse con todo el equipo para evitar demoras y errores durante su presentación. En los escenarios amplios necesitará un sistema de megafonía compuesto por altavoces, un amplificador y uno o más micrófonos. Si no estuviera disponible deberá traer e instalar el suyo; pueden alquilarse. Asegúrese de que sea suficientemente potente para la sala. Debe haber una pantalla para proyectar imágenes; compruebe que el tamaño es adecuado para las dimensiones del escenario y que todos los asistentes puedan verla.

17 Asegúrese de saber cómo funciona el sistema de megafonía.

18 Disponga de sillas suplementarias para los que se retrasen.

UTILICE UN MICRÓFONO

Éste sólo será necesario al dirigirse a un público numeroso, o si habla en el exterior. Siempre deberá comprobarlo con anticipación, regulando el volumen y teniendo en cuenta el ruido de fondo. Los micrófonos manuales o situados en el estrado tienden a limitar los movimientos; si piensa proyectar imágenes emplee un modelo sin cables. Los micrófonos que se prenden en la ropa permiten el uso de ambas manos durante la exposición, pero deben estar bien colocados; en otro caso podrían amplificar el sonido de la respiración o el ruido al pasar las páginas.

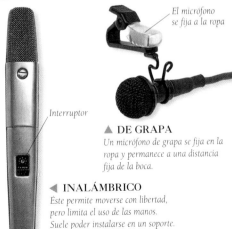

El micrófono se fija a la ropa

Interruptor

▲ **DE GRAPA**
Un micrófono de grapa se fija en la ropa y permanece a una distancia fija de la boca.

◄ **INALÁMBRICO**
Éste permite moverse con libertad, pero limita el uso de las manos. Suele poder instalarse en un soporte.

CLARIFIQUE SUS OBJETIVOS

Antes de preparar un discurso es importante que reflexione acerca de sus objetivos. ¿Desea divertir al público, transmitir información esencial o impulsarlos a salir corriendo y ponerse inmediatamente en acción como resultado de su discurso?

19 Estructure el discurso alrededor de tres o cuatro temas principales.

MARQUE LA PAUTA

20 Mantenga el interés del público mediante algunas anécdotas pertinentes.

El tono y el estilo del discurso reafirmarán el objetivo de su discurso. Si desea transmitir información, debe enfocar el tema con una buena estructura que tenga una lógica sólida. Si su objetivo principal es entretener, incluya algunos chistes y anécdotas. Si desea galvanizar al público, el contenido de su discurso debe ser positivo y el nivel debe permitir una respuesta personal y emocional.

ESTIMULE LAS RESPUESTAS

Todos los oradores quieren que su discurso tenga éxito y sea bien recibido, pero muchos ignoran los métodos prácticos para lograrlo. La respuesta deseada depende de la estructura de su disertación. Por ejemplo, si está proporcionando una información nueva, podría desear que el público plantee preguntas al final de su discurso. Estimule su interés por el tema evitando contarles todo lo que necesitan saber de entrada y avive su curiosidad.

▼ USAR LAS TRES «E»
Todo discurso de éxito tiene tres objetivos fundamentales. El primero consiste en educar (instruir): el público debe aprender algo gracias al discurso. El segundo es entretener: el público debe disfrutar con su discurso. El tercero es explicar: el público debe comprender todas las partes del discurso.

Eduque ➤ **Entretenga** ➤ **Explique**

UTILICE SUS CONOCIMIENTOS

El objetivo principal de una exposición es transmitir información al público, y nada captará tanto su atención como el entusiasmo del ponente por el tema expuesto. No se deje llevar por el entusiasmo durante la preparación; su entusiasmo debe incitar al público, no abrumarlo. Un conocimiento sólido suele hablar por sí mismo; si uno conoce el tema profundamente no es necesario mencionar a personas importantes ni hacer referencias académicas. Ganará credibilidad si responde correctamente a las preguntas del público. Debe estar bien informado y preparado.

21 Asegúrese de exponer los conceptos principales con claridad.

22 Resuma los puntos principales en una oración.

SELECCIONE LOS PUNTOS CLAVE

Todos los públicos adultos pueden mantener la atención durante un período de unos 45 minutos. Durante ese lapso, sólo asimilarán alrededor de una tercera parte de lo dicho y un máximo de siete conceptos. Limítese a exponer tres o cuatro puntos principales y destáquelos al principio de su discurso, en el medio, y otra vez al final para reiterar el mensaje. Intente hallar un título pegadizo que resuma su discurso, pero evite un exceso de ingenio o de confusión. «El papel de la CCT en la RPE» es perfecto para los directivos que saben que se refiere al control de calidad total y a la revisión del proceso empresarial, pero no tiene sentido que el título sea tan críptico como para confundir a los públicos mejor informados. El público estará más abierto a sus sugerencias si tiene una idea clara respecto del tema de su exposición.

PRIMERAS IDEAS

Lorem ipsum dolor sit amet, consectetuer adipiscing elit, sed diam nonummy nibh euismod tincidunt ut laoreet dolore magna aliquam erat volutpat. Ut wisi enim ad minim veniam, quis nostrud exerci tation ullamcorper suscipit lobortis nisl ut aliquip ex ea commodo consequat.

Ut wisi enim ad minim veniam, quis nostrud exerci tation ullamcorper suscipit lobortis nisl ut aliquip ex ea commodo consequat. Duis autem vel eum iriure dolor in hendrerit in vulputate velit esse molestie consequat, vel illum dolore eu feugiat nulla facilisis at vero eros et accumsan et iusto odio dignissim qui blandit praesent luptatum zzril

Nam liber tempor cum soluta nobis eleifend option congue nihil imperdiet doming id quod mazim placerat facer possim assum. Lorem ipsum dolor sit amet, consect adipiscelit, sed diam nonummy nibh euismod tincidunt ut laore dolore magna aliquam erat ex euvolnpat. Ut wisi enim ad mi veniam, quis nostrud exerci tion ullamcorper suisc lobortis nisl ut aliquip ex ea commodo conse. Duis autem vel eum iriure dolor in hendrerit in vulputate velit esse molestie consequat velit hendrerit in vulputate velit esse

Puntos clave

A. ¿Por qué es necesario el cursillo de formación?

B. ¿Qué supondrá la formación?

C. ¿Cuáles son los resultados finales esperados y cuáles los beneficios de la formación?

▲ **ELEGIR LOS PUNTOS PRINCIPALES**

Clarifique sus ideas resumiendo las principales ideas. Limítese a exponer tres o cuatro puntos para que el mensaje sea sencillo y fácil de recordar.

ENCUENTRE EL MATERIAL

Un discurso de éxito siempre comienza por una investigación cuidadosa. Esto requiere iniciativa y un trabajo duro y puede consumir mucho tiempo. Asigne el tiempo suficiente para esa investigación y consulte todas las fuentes posibles, desde recortes de prensa hasta Internet.

23 Al investigar el material no pierda de vista los objetivos principales.

A. ¿Por qué es necesario el cursillo de formación?

B. ¿Qué supondrá la formación?

C. ¿Cuáles son los resultados finales esperados y cuáles los beneficios de la formación?

▲ **EMPLEE LOS PUNTOS PRINCIPALES**

Al iniciar su investigación, tenga en cuenta los tres o cuatro puntos principales. A medida que encuentre material pertinente, organice cada punto por separado hasta que reúna los suficientes para completar su exposición.

ENCUENTRE FUENTES

Un buen punto de partida para investigar consiste en revisar uno de los principales libros acerca del tema de su discurso y examinar la bibliografía de éste. Esto le ofrecerá una buena cantidad de material de consulta pertinente. Para obtener artículos de diarios o revistas, puede dirigirse a una agencia de recortes de prensa que, por unos honorarios, le proporcionará regularmente un paquete de artículos sobre prácticamente cualquier tema. Esto le permitirá disponer de tiempo libre para investigar las múltiples fuentes de información disponibles, por ejemplo:

- Informes administrativos, disposiciones gubernamentales y revistas profesionales;
- Amigos, familia y otros contactos personales;
- Vídeos, CD-ROM e Internet.

INVESTIGUE EL MATERIAL

Al principio de la investigación, calcule el tiempo suficiente para reflexionar exhaustivamente acerca de todas las fuentes de información que decida utilizar. Sea realista con respecto a lo que espera averiguar de cada fuente y considere la mejor manera de usar la información en su discurso. Siempre debe consultar a sus contactos personales: no hay nada más frustrante que pasarse días en una biblioteca para descubrir más tarde que un amigo de un amigo es el mayor experto del mundo en el tema que expondrá.

24 Investigue diversas fuentes para descubrir cuál es la más útil.

Esté a la última

Mantenga una actitud abierta al iniciar la investigación y busque nuevos campos de investigación. No confíe en viejos libros: consulte nuevas fuentes de consulta en Internet para obtener una información de última hora. El discurso resultará mucho más atractivo si parece innovador en lugar de un refrito de informaciones anticuadas proveniente de fuentes archisabidas. El público debe sentir que aprende cosas nuevas, que le están proporcionando nueva información acerca de los hechos y las cifras básicas.

▲ **HAGA UN BUEN USO DEL TIEMPO**
Es importante decidir con rapidez si vale la pena continuar con una vía de investigación en concreto. Cuando encuentre información pertinente, tome nota de la fuente y de los puntos principales. ¿Se trata del material más actual acerca del tema? ¿Es una información precisa? ¿Le ofrece nuevos indicios o áreas de investigación? Sólo debe perseverar con el material que cumpla con sus criterios de investigación.

▲ **EXPLORE LAS PÁGINAS WEB**
Cada página Web de Internet contiene mucha información a la que se puede acceder, y que se puede utilizar como material de consulta. Una de las principales ventajas de este tipo de investigación es que la información contenida en las páginas Web suele actualizarse con mayor frecuencia que la información impresa.

Utilice la nueva tecnología

Internet le lleva una biblioteca electrónica internacional hasta su escritorio. Emplee palabras claves bien elegidas para buscar material de consulta pertinente en el amplísimo campo de información disponible en Internet: todos los días aparecen páginas nuevas. Cuanto más específicas sean las palabras clave, mayor será la posibilidad de hallar los datos necesarios en un margen de tiempo razonable. Almacene el material en bases de datos computerizadas, las cuales pueden adquirirse en forma de paquetes de software.

25 Aunque la información no sea inmediatamente accesible, no haga caso omiso de una fuente adecuada.

ESTRUCTURE EL MATERIAL

El orden en el que presente los puntos principales de la ponencia y el énfasis puesto en cada uno afectarán el mensaje con el que se queda el público. Debe emplear la estructura más adecuada en su discurso para que el público reciba el mensaje correcto.

26 Decida cuántos puntos planteará en su disertación.

ELEGIR UNA ESTRUCTURA

Existen diversas maneras de presentar los tres o cuatro puntos principales. Puede optar por introducirlos por separado, ya sea uno después de otro según su importancia, cronológicamente o en cualquier otra secuencia significativa. Si desea que alguno se destaque, preséntelo en primer lugar y continúe con puntos que lo apoyen. Los oradores suelen emplear una estructura en la que los puntos principales se interconectan. De este modo, una idea puede quedar abierta y es posible volver a referirse a ella al contestar las preguntas.

27 Asegúrese de que su discurso acabe con un argumento fuerte y positivo.

▲ **PLANTEE PUNTOS POR SEPARADO**
En este caso se pueden presentar por separado ideas que no estén vinculadas entre sí, lo que les confiere la misma importancia. Recuerde que el público puede suponer que el primer punto es el más importante.

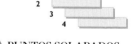

▲ **PUNTOS SOLAPADOS**
En la práctica, la estructura más frecuente es aquella en la que —en cierta medida— cada punto se solapa y se vincula con los otros. Es necesario desvelar parcialmente el segundo punto para poder explicar el primero, etc. Es posible referirse a cada punto subsiguiente en relación con los anteriores, vinculando todos los principales entre sí.

▲ **DESTAQUE UN PUNTO**
Si un punto tiene más importancia que otros, plantéelo en primer lugar y dedíquele más tiempo para comentarlo exhaustivamente. Refuércelo o complétenlo con puntos secundarios o de apoyo.

ESTRUCTURAR EL DISCURSO DE ACUERDO CON EL MATERIAL

TIPOS DE ESTRUCTURA	USOS PRÁCTICOS
PLANTEE PUNTOS POR SEPARADO Los puntos se presentan en una secuencia adecuada al tema.	Esta estructura resulta provechosa para las ponencias formales, como una conferencia educativa o una disertación sobre teoría administrativa. Si los miembros del público toman apuntes, el orador puede ayudarles resumiendo cada punto después de plantearlo y proporcionando una introducción breve que conduzca al punto siguiente.
DESTAQUE UN PUNTO Al punto principal le siguen otros.	Los ejemplos de este tipo de discurso podrían incluir una charla dirigida al personal acerca de la necesidad de mejorar el servicio al cliente. La estructura debe ser clara y emplearla resulta adecuado cuando el público conoce el tema a fondo y puede asimilar mucha información detallada. También resulta útil para presentar otro aspecto del mismo tema.
PUNTOS INTERCONECTADOS Para destacarlos, se vuelve a hacer referencia a ciertos puntos o se vuelven a presentar.	Esta estructura es la más adecuada para las charlas informales ante un público reducido. Suele emplearse en las reuniones a las que asisten colegas conocidos, familiarizados con el tema planteado y capaces de asimilar un discurso relativamente complejo. Los puntos interconectados estimulan el debate y la intervención del público.

UTILIZAR LA NARRACIÓN

La técnica básica de la narración consiste en dar al material un inicio, una parte central y un final reconocibles. Su uso es sobre todo común en la narración de historias. Para que su presentación sea un éxito, es importante que siga este esquema básico a la hora de componerla. La introducción será el inicio; la parte central la constituirán las ideas centrales (estructuradas según mejor convenga a sus propósitos); finalmente expondrá sus conclusiones, haciendo referencia a los temas principales y respondiendo las preguntas del público. Recuerde que es importante dar a la audiencia puntos claros de referencia en cada parte de la presentación.

▲ UTILICE SÍMBOLOS

Al estructurar el discurso elija imágenes conocidas para apoyar sus ideas, como un gato para mostrar una conducta instintiva. Salga del campo propio de su investigación y busque analogías que ilustren su argumento.

HAGA UN BORRADOR

Preparar un borrador del material que desea presentar resulta útil. Ayudará a clarificar la estructura del discurso y le servirá como recordatorio durante el mismo. Piense en los tres o cuatro puntos principales como A, B, C y D y después subtitúlelos con los números 1, 2, 3. Etiquete los subtítulos secundarios como a), b), c) etc. Estas notas deberán ser sencillas para poder leerlas de un vistazo.

A. ¿Por qué es necesaria la formación?
 1. El personal aprovecha los cursos de actualización.
 2. El personal nuevo aprenderá los procedimientos correctos.

B. ¿Qué supone la formación?
 1. Mejora el rendimiento.
  a) Ver el nivel de aptitud.
  b) Cubrir lagunas.
 2. Aspectos prácticos.

C. Resultados finales esperados.
 1. Mayor eficacia.
 2. Mayor productividad.

Los puntos principales están ordenados alfabéticamente en mayúscula

Los subtítulos están ordenados numéricamente

Los subtítulos secundarios están ordenados alfabéticamente en minúscula

▲ **ESBOZAR UNA ESTRUCTURA**
Haga un esbozo de la estructura que ha pensado para el discurso, como en el ejemplo anterior. Utilícela como base para ampliar el tema mientras investiga y prepara la ponencia.

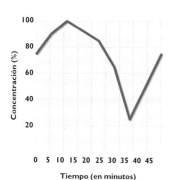

▲ **LAPSO DE ATENCIÓN DEL PÚBLICO**
Este gráfico muestra el lapso de atención de un público típico, durante un discurso de 45 minutos. El público atiende más justo después del inicio y alcanza la cima después de unos 10 minutos. La atención disminuye hasta pasados unos 30-35 minutos, después aumenta a medida que la ponencia llega a su fin.

EMPIECE DE MANERA EFICAZ

Al iniciar la ponencia resulta esencial dar una buena impresión, y una de las mejores maneras de hacerlo es parecer confiado. Esto significa que primero debe estar bien preparado. Los ponentes experimentados, que prefieren no usar notas, siempre anotan las dos primeras oraciones. De este modo pueden concentrarse más en la impresión que causan y menos en las palabras que pronuncian. Planifique un inicio eficaz que proporcione un esbozo de su discurso al público, informándole brevemente de los puntos que planteará durante el discurso. Haga uso de anécdotas para romper el hielo y ganarse al público. Sin embargo, debe recordar que el público está menos atento al principio del discurso; plantee los puntos más densos pasados algunos minutos después del inicio de la ponencia.

VINCULE Y RESUMA

Es importante que su discurso tenga partes bien diferenciadas. Planifique un flujo lógico de ideas y temas para que el público pueda seguir su discurso con facilidad e introduzca temas nuevos creando vínculos claros entre las ideas nuevas y las antiguas. Escuche a locutores profesionales de radio y televisión y tome nota de las técnicas que utilizan para vincular los puntos o temas de sus discursos, y resumir cada punto antes de presentar uno nuevo. Estos vínculos y resúmenes tienen tanta importancia como los puntos principales en sí mismos; planifíquelos bien.

28 La estructura del discurso debe definir el final de un tema y el inicio del siguiente con claridad.

29 No cambie el tono de voz con demasiada frecuencia: podría sonar falso.

REPITA LAS IDEAS CLAVE

Recapitular la información presentada durante el discurso es una manera eficaz de hacer hincapié en los temas principales. Al estructurar el discurso, repita los aspectos básicos al final de cada punto principal y en la conclusión. Sin embargo, no basta con limitarse a repetir la información ofrecida en la parte principal del discurso. Dígalo de manera diferente para que las ideas no pierdan frescura pero sigan siendo familiares.

CONCLUYA CON FUERZA

Estructurar un final sólido para la ponencia es tan importante como planificar un buen comienzo: es esencial transmitir al público que la ponencia está llegando a su fin. Introduzca frases como «el último punto...» o «para concluir...» para que el público sepa que usted está a punto de resumir todo el discurso. Agradecerán la oportunidad de volver a escuchar algún punto que podrían haberse perdido.

▼ RECALQUE LOS PUNTOS

Es importante recalcar los puntos principales en toda exposición. Resulta factible entregando una «lista de contenidos» al público antes de comentar los temas planteados, y concluir con un resumen.

| Dígales lo que les dirá | Dígaselo | Dígales lo que les ha dicho |

REDACTE UN DISCURSO

Es importante tener en cuenta que lo escrito puede sonar muy diferente cuando se transmite oralmente al público. Aprenda a redactar en un estilo que siga las pautas naturales del discurso hablado y que resulte adecuado para una exposición oral.

30 Recuerde que escribir un discurso no es lo mismo que escucharlo.

EMPIECE A REDACTAR

Una vez completada la investigación y el esquema de la estructura del discurso, estará preparado para empezar a escribir. Intente que las palabras suenen como le gustaría que el público las oyese. Dedique unos momentos a pensar en lo que escribirá, después redacte un primer borrador apuntando –sin detenerse– todo aquello que le parece que desearía incluir. Si se siente inseguro acerca de cómo redactar un discurso, reflexione sobre las diferencias entre el lenguaje oral y el escrito.

31 Busque diferentes maneras de expresar la misma idea. Utilice la más natural.

ADAPTE LA REDACCIÓN AL DISCURSO ORAL

ESTRUCTURA DE LA ORACIÓN	EN LUGAR DE ESCRIBIR, HABLE
REDACCIÓN Evite las oraciones rebuscadas. Para parecer directo, emplee la primera y la segunda persona del plural (nosotros y ustedes) y rehúya las construcciones verbales en pasiva.	*Diga:* «El sistema contable que empleo», no «El sistema contable con el cual trabajo». *Diga:* «Deben darse cuenta de que son estratagemas», no «Es importante darse cuenta de que son estratagemas».
SINTAXIS Los hechos más importantes o interesantes deben aparecer en primer lugar. No inicie una oración con una cláusula subordinada o una afirmación de tipo secundario.	*Diga:* «Bajar costes y aumentar la producción: eso necesitamos», no «Tenemos que reducir costes y aumentar la producción». *Diga:* «Esto podría influir en los resultados», no «Aunque parezca un detalle menor, esto podría cambiar mucho las cosas».

RACIONALICE EL MATERIAL

Una vez que haya preparado el primer borrador de la ponencia, podrá empezar a racionalizar el material. Lea el borrador para asegurarse de que ha incluido toda la información esencial. Incorpore ejemplos pertinentes al material para realzar los puntos principales. Finalmente, incluya puntos especialmente interesantes o atractivos pero no esenciales que aumenten el interés del público; añadirán humor e interés a su discurso.

 32 Sea exigente con lo que incluye en su disertación.

▼ NIVELES DE INFORMACIÓN
Antes de empezar, apunte todos los puntos pertinentes relacionados con el tema del discurso, y categorice cada uno de ellos según esta clasificación.

Deben saberlo → **Deberían saberlo** → **Es bueno que lo sepan**

REDACTE DE FORMA NATURAL

El mejor punto de partida para una presentación exitosa es sentirse seguro y relajado respecto de las palabras que pronuncia; al redactar el discurso la construcción de las oraciones debe ser sencilla. Piense en el público como si fuera una sola persona; le ayudará a generar un clima de proximidad. Los oradores que lo consiguen logran que todos los asistentes sientan que el mensaje está dirigido únicamente a ellos, lo que asegura su atención. Si no estuviera seguro de parecer natural, grábese leyendo el borrador del discurso, después escúchelo y corrija el texto donde fuera necesario.

QUÉ HACER Y QUÉ EVITAR

✔ Use oraciones sencillas y directas.

✔ Use los pronombres «ustedes, nosotros».

✔ Use verbos activos (corran, vayan, hagan, usen, etc.).

✔ Haga un inteligente uso de los adjetivos.

✔ Prepare y ensaye las frases para evitar el tartamudeo.

✔ Incluya ejemplos y analogías para ilustrar los temas.

✘ No use jergas ni un lenguaje inadecuado.

✘ No abuse de los temas irrelevantes.

✘ No piense que tiene que redactar el discurso palabra por palabra.

✘ No abrume al público con un exceso de detalles.

✘ No se muestre superior.

✘ No intente imitar un estilo ajeno: sonaría falso.

33 La estructura escrita del discurso no debe ser demasiado compleja, pues podría resultar confusa.

CONDENSE LA INFORMACIÓN EN NOTAS

Si opta por usar fichas, empiece por escribir un borrador que incluya todos los puntos principales y los ejemplos que utilizará para ilustrarlos. Este escrito es el punto del que partirá para empezar a condensar lo redactado y convertirlo en fichas. Utilice fichas numeradas y destaque las palabras y frases claves, escribiéndolas de manera legible. Evite anotar demasiadas cosas en cada ficha; la información debe ser sencilla y directa.

◀ **PREPARE UN BORRADOR**
Una vez decidida la estructura del discurso y compilado el material de investigación, escriba el discurso. Corrija y vuelva a corregir este borrador hasta que el ritmo y el flujo del discurso lo satisfagan.

◀ **PREPARE LAS FICHAS**
Extraiga los puntos principales del borrador final y escríbalos en fichas numeradas. Para que sean claros, sólo anote dos puntos en cada ficha.

DÉLE RITMO AL DISCURSO

Reflexione sobre qué hace que un discurso funcione. La mayoría de las veces el éxito depende del ritmo. Las pausas de un discurso tienen la misma importancia que lo hablado para comunicar el contenido del discurso, ya que proporcionan una puntuación auditiva. Al redactar el discurso, tenga en cuenta cómo le sonará al público. Si opta por leer la disertación a partir de fichas o folios, escriba «pausa» cada vez que considere que resulta necesaria una interrupción: por ejemplo cuando un punto requiera cierto énfasis o para hacer una interrupción entre una idea y la siguiente. Incorpore estas pausas cuando ensaye. Usar el silencio exige valor: una pausa en el guión debe durar unos tres segundos, mucho más que en el habla normal.

34 Imprima el discurso en una sola cara de la página y con caracteres grandes.

35 Siempre debe numerar las páginas de un discurso escrito.

PREPARE LAS FICHAS PARA ANOTAR

Considere el uso de fichas durante una ponencia como un seguro para evitar que se le olvide el discurso: no es necesario que las lea como un loro, pero serán un doble seguro por si se queda en blanco. Las fichas deben proporcionarle una serie de pies para recordarle qué quiere decir y en qué orden; así podrá hablarle al público en lugar de recitarle el discurso. Si emplea fichas para hablar, existen diversas técnicas útiles como condensar un borrador preparado con anterioridad, anotar las oraciones o las palabras clave, pero deberá escribir las citas y los chistes por extenso salvo que esté seguro de saberlos de memoria. Use un código de colores para marcar partes del texto que puede eliminar sin comprometer la integridad del mensaje, por si va mal de tiempo. Por ejemplo, escriba el texto esencial en azul y el eliminable en verde.

36 Para las notas debe utilizar papel rígido o fichas.

▲ USO DE APUNTES
Escriba las palabras y frases claves del discurso en fichas. Lo apuntado debe ser sencillo para que pueda recordar el punto al que se refiere cada apunte.

PREPARE UN GUIÓN ESCRITO

Si opta por usar un guión escrito, confeccionarlo cuidadosamente resulta esencial. Use caracteres grandes y dobles espacios para que el texto sea fácil de leer. Disponga los títulos con claridad para no perderse. Use diversos métodos gráficos, como destacar el texto que desea realzar o escribirlo en cursiva. Finalmente, imprima el documento acabado en un buen papel y haga un par de copias.

El espacio en el texto indica un cambio de tema

Escribir en caracteres grandes y claros

Las frases clave deben estar destacadas

FORMACIÓN

Buenas tardes.
Mi nombre es José Pérez
y pertenezco al
departamento de Formación.

Hoy les hablaré de la
Formación (PAUSA).
En concreto hablaré de tres puntos:
**¿Por qué es necesaria
la formación?;
¿Qué supone? y
¿cuáles son los resultados finales
esperados?**

El título debe encabezar la primera página del guión

Las pausas deben estar indicadas

Cada página debe estar numerada

▲ ESTRUCTURE UN GUIÓN ESCRITO
Al estructurar el guión debe destacar los puntos clave y las pausas; le ayudará a hablarle al público con naturalidad y seguridad, algo esencial para un discurso fluido.

USE APOYOS AUDIOVISUALES

*L*os apoyos audiovisuales pueden ser esenciales
para una exposición, ya que suelen resultar
más útiles que las palabras para ilustrar conceptos
complicados. Siempre debe preguntarse si estos
apoyos harán más eficaz su discurso y jamás caiga
en la tentación de utilizarlos innecesariamente.

37 Debe ensayar el discurso con los apoyos audiovisuales.

USO DE DIVERSOS APOYOS AUDIOVISUALES

TIPOS DE APOYO AUDIOVISUAL

EJEMPLOS DE APOYO AUDIOVISUAL

DE ESCASA COMPLEJIDAD
La ventaja de éstas es su sencillez y el hecho de que
no necesitan corriente eléctrica para funcionar. La
información puede prepararse por adelantado y el
día de la exposición el montaje será mínimo. Pueden
prepararse trípticos para los asistentes, pero las
pizarras y los gráficos deben ser visibles y son más
indicados para los públicos poco numerosos.

TRÍPTICOS
Distribúyalos antes de la
ponencia. Asegúrese de
hacer referencias a ellos
durante la ponencia.

DE COMPLEJIDAD MEDIANA
Algunos de los apoyos audiovisuales
más comunes pertenecen a este grupo; se
logra un buen efecto sin complicarse con un
exceso de equipamiento técnico. Es necesario
prepararlos el día de la ponencia, pero la
información y las diapositivas que se proyectan
pueden prepararse de antemano.

**PROYECTOR
DE DIAPOSITIVAS**
Disponga las diapositivas que
necesitará para ilustrar sus
argumentos en un carro antes
del discurso. Familiarícese
con el funcionamiento del
proyector antes de iniciar
la presentación.

DE COMPLEJIDAD ELEVADA
Estas ayudas suponen un elevado nivel de
destreza técnica y su montaje puede requerir
personal especializado. El efecto logrado al usar
apoyos audiovisuales muy complejos puede ser
impactante y merecer la pena, pero cuanto
mayor sea su complejidad, tanto más posibilidades
hay de fallos y averías.

VÍDEO
Use este medio para
mostrar imágenes
breves en vivo o
mensajes grabados por
un orador que no pueda
estar presente durante
la ponencia.

Seleccione apoyos AV

Hay una gama de apoyos audiovisuales (AV) adecuados para diferentes tipos de discurso. Sin embargo, estos apoyos pueden distanciarlo del público; sólo ha de usarlos si resultan adecuados y útiles. Los apoyos audiovisuales tienen distintos niveles de complejidad; muchos requieren electricidad y pueden causar problemas si hay un corte de luz; otros pueden requerir una instalación hecha por especialistas y usarlas puede ser difícil.

38 Haga una pausa la primera vez que presenta un apoyo visual al público.

Pizarra
Use una pizarra en una exposición informal ante un público reducido. Asegúrese de que los asistentes de la última fila puedan ver lo escrito.

Bloc grande
Prepare diversas páginas por anticipado y emplee gráficos y diagramas para realzar sus argumentos. Destaque los puntos clave con color y asegúrese de que el bloc sea visible para todo el público.

Transparencias
Es la mejor manera de presentar gráficos y diagramas. Señale gráficos o cifras en particular con un puntero y evite obstruir la visión del público.

Sistema de audio
Si ha de proporcionar una traducción simultánea, un sistema de audio con auriculares resulta esencial. Para un público numeroso también resulta útil disponer de un micrófono, un amplificador y unos altavoces.

Multimedia
Use paquetes de CD-ROM con imágenes en movimiento y una pista de audio. También puede contratar a un experto en software para crear paquetes diseñados para sus necesidades.

Gráficos por computadora
El software puede servir para mostrar gráficos, diagramas o imágenes tridimensionales en una pantalla. Los gráficos en movimiento sirven para mostrar los cambios estadísticos a lo largo del tiempo.

TENGA EN CUENTA LA AUDIENCIA

Hay diferentes tipos de apoyos audiovisuales adecuados para todos los públicos, pero si sus recursos son limitados es posible adaptarlos a cualquier público. Por ejemplo, si utiliza gráficos por computadora pero no quiere que las imágenes pierdan definición al aumentarlas, proporcione trípticos con los gráficos por computadora que aparecen en la pantalla a cada miembro del público. Si la exposición se hace ante un público numeroso puede proyectar las imágenes en varias pantallas grandes.

◀ **VISIÓN DE UN PÚBLICO REDUCIDO**
Al hacer una presentación ante un público reducido sentado cerca de usted, los apoyos visuales serán claramente visibles para todos, independientemente de los que haya elegido.

39 Numere las diapositivas para evitar confusiones.

VISIÓN DE UN ▶ PÚBLICO NUMEROSO
Es improbable que los apoyos visuales que funcionan para un público reducido sean útiles para uno numeroso y un público lejano puede tener dificultades para ver los detalles.

PREPARE LOS APOYOS AV

Todos requieren bastante preparación, pero mientras que una pizarra se monta con relativa facilidad y puede volverse a usar una y otra vez, una demostración multimediática puede suponer mucho tiempo de preparación. En general, cuanto mayor sea la complejidad del apoyo audiovisual, tanto mayor será la preparación necesaria.

Si no tiene el tiempo, los conocimientos o el talento creativo para preparar sus propios apoyos audiovisuales, obtenga ayuda de su personal, un colega o de un estudio de diseño. Elija a sus ayudantes con cuidado y presénteles un informe preciso para evitar cualquier confusión respecto del producto final deseado.

PUNTOS QUE RECORDAR

● El público lee el material que aparece en la pantalla con mayor rapidez de la que usted habla; no lo lea en voz alta.

● Mientras que una parte del público estará mirando el material visual, la otra lo estará mirando a usted. Cuando quiera que el público se concentre en el material visual, quédese quieto.

● Si piensa volver a utilizar los apoyos audiovisuales, asegúrese de que los recojan después de la ponencia.

GENERAR UN IMPACTO

Al preparar el discurso es posible que descubra que la información se hace más comprensible y que las ideas abstractas resultan más claras incorporando elementos de diseño a los apoyos visuales. Deben ser sencillos y aplicar los elementos de diseño de un modo coherente. Emplee colores intensos: la diferencia entre tonos pastel resultará imperceptible en una sala abarrotada. Los segmentos de un diagrama en forma de pastel pueden perderse por completo si los colores no contrastan.

Si emplea el vídeo, muestre secuencias prolongadas que ilustren y complementen el tema en lugar de fragmentos breves, que pueden distraer la atención del público del núcleo de su discurso.

40 Use alguna viñeta cómica para aligerar puntos serios.

41 Escriba notas en los marcos de las diapositivas.

PIENSE EN LOS ÚTILES

Piense con cuidado en los artículos que necesita para hacer un buen uso de los apoyos audiovisuales elegidos. Por ejemplo:

- Un puntero láser para indicar los puntos en la pantalla o la pizarra;
- Dos tizas o rotuladores especiales para escribir en las pizarras;
- Láminas de acetato transparente, las llamadas transparencias;
- Bloc grande suplementario;
- Alargos;
- Copias de seguridad y cable suplementario para ponencias multimediáticas;
- Copias de vídeos o diapositivas;
- Enchufes múltiples si utiliza equipos eléctricos.

CONOZCA LOS APOYOS AV

Cuando llegue el momento de hacer la exposición, deberá saber perfectamente cómo funcionan los apoyos audiovisuales complejos que haya elegido para ilustrar el tema. Incluso si le desagrada trabajar con ayudas multimediáticas, hay casos en los que el esfuerzo (y el coste adicional de crearlas) merecen la pena, hasta para un público reducido.

Puede ocurrir que tenga la desgracia de que se presente algún problema técnico al usar estos apoyos complejos, aunque es poco frecuente. Si no está suficientemente ducho para enfrentarse a estos inconvenientes, asegúrese de que algún experto esté presente en la sala para ayudarle. Siempre debe disponer de apoyos poco complejos, como los trípticos, o estar dispuesto a arreglarse sin ningún apoyo de este tipo.

42 Haga duplicados de todo el material audiovisual necesario para la ponencia.

ENSAYE

*E*nsayar es un aspecto muy importante en un discurso de éxito. Es una oportunidad ideal para memorizar y estructurar el material, y eliminar las partes menos adecuadas del discurso. Practique con los apoyos AV y tenga en cuenta el tiempo necesario para las preguntas finales.

43 Ensaye como perder el hilo y volver a encontrarlo.

PUNTOS QUE RECORDAR

● Ningún ensayo resulta superfluo. Si confía en su material, el público confiará en usted.

● El tiempo para hablar del que disponga incluye el que consuma usando los apoyos audiovisuales y contestando a las preguntas del público; téngalo en cuenta al ensayar.

● Los ensayos deben basarse cada vez menos en el guión.

● Debe preparar preguntas tipo por anticipado; podrá ensayar las respuestas y calcular el tiempo necesario.

ENSAYE EN VOZ ALTA

El objetivo principal de un ensayo es memorizar el material y el orden en el que se presentará. Ésta es la mejor oportunidad para afinar el contenido del discurso y asegurarse de que todos los temas se plantean con el énfasis deseado. Empiece a ensayar leyendo todo el guión. Una vez que se sienta cómodo con el material, empiece a ensayar delante de un espejo y pase a las notas, si piensa utilizarlas. La primera vez puede sentirse nervioso e incómodo, pero su confianza aumentará con cada ensayo, de modo que estará bien preparado cuando se ponga delante de un público real y empiece a hacer la exposición.

DESARROLLE LA ESPONTANEIDAD

Sólo podrá empezar a sentirse libre y hablar de manera espontánea cuando haya dejado de basarse en el guión o los apuntes. Improvisar un discurso ante un público es algo muy diferente a pronunciar uno ensayado. Desarrolle el truco de simular «espontaneidad» familiarizándose con el tema. Si lo hace, aumentará su seguridad para incorporar detalles o ejemplos que no figuren en el discurso; de este modo, la ponencia sonará fresca y espontánea.

44 Ensaye su articulación, en tono normal y a mayor volumen.

AVERIGÜE EL EFECTO POR ADELANTADO

Cuando se sienta preparado, empiece a ensayar el discurso en voz alta delante de un amigo o colega y solicítele críticas sinceras y constructivas. Invite a su «público» a señalar aspectos en los que se podrían introducir mejoras y sugerir el modo de hacerlo. Su público debe tener en cuenta el contexto en el que se desarrollará el discurso; explíquelo con claridad. Intente reproducir las circunstancias de la exposición, en especial la distancia que lo separará de la primera fila del público. Así se dará cuenta del alcance de su voz. Aprenda a controlar la voz para que suene igual al presentar una ponencia en un auditorio o ante un grupo pequeño en una sala de reuniones.

45 Varíe el ritmo del discurso y decida cuál es el más eficaz.

Use gestos para reafirmar el mensaje

El público se fijará en los gestos que le distraigan

Haga menos uso de los apuntes a medida que ensaya y memoriza el material

Fíjese si el lenguaje corporal del público denota interés

◀ ENSAYE FRENTE A UN PÚBLICO

Ensayar delante de un amigo aumentará su seguridad. Pídale que opine sobre su expresión oral y física; disfrute de sus elogios pero tenga en cuenta cualquier crítica o consejo para mejorar el discurso que le sugiera.

PREPÁRESE

Prepararse uno mismo es tan importante como preparar el discurso.
El impacto de su discurso estará determinado tanto
por su aspecto como por lo que dice.

CREA EN SÍ MISMO

Tener una imagen positiva de sí mismo es sumamente importante para hacer una presentación exitosa. Identifique sus puntos fuertes y aprovéchelos al máximo. Excepto en casos aislados, el público estará tan ansioso como usted de que el discurso sea interesante y exitoso.

46 El público es su aliado. Quieren aprender de usted.

PIENSE EN POSITIVO

Al preparar el discurso piense en cosas estimulantes y positivas, y vuelva a hacerlo justo antes de iniciarlo para aumentar su confianza y disipar cualquier temor y los nervios del último momento. Por ejemplo, intente repetir algunas de las frases siguientes:

《《 *Mi discurso es interesante y está repleto de buenas ideas. Al público le encantará.* 》》

《《 *No cabe duda de que el público será entusiasta. La exposición es sólida, estoy bien preparado.* 》》

《《 *Conozco el tema al dedillo. El público lo descubrirá al momento.* 》》

《《 *Los ensayos salieron francamente bien. Estoy impaciente por ver la reacción del público.* 》》

VEA SU ÉXITO

Al prepararse para hacer una exposición debe acostumbrarse a imaginar la escena en positivo. Imagine un público entusiasta, encantado con el éxito de su discurso. Hay un mensaje que desea transmitirle y tiene una oportunidad perfecta para hacerlo. Imagínese al público tomando apuntes, riendo los chistes o anécdotas que relata y planteando preguntas interesantes y constructivas al final. Vea el lenguaje corporal que indica la respuesta positiva del público e imagine el contacto visual con los asistentes para estimular la relación positiva que se desarrolla entre ambos.

47 Sea natural y obtendrá una cálida respuesta.

48 Considere un público numeroso igual que uno reducido.

▼ IMAGINE LA PERFECCIÓN
Su confianza aumentará si se imagina presentando una ponencia perfecta. Imagine los rostros entusiastas e interesados del público al escuchar su discurso.

El tema es tan conocido para usted que no necesita constantemente referirse a las notas

El público disfruta y aplaude

El público está interesado y atento

Su aspecto es excelente y su actitud inspira confianza

ANALICE SU ASPECTO

Su aspecto tendrá un efecto muy importante sobre el público, pero no siempre resulta fácil juzgar el propio aspecto y la impresión creada. Pida comentarios acerca de su imagen a amigos o colegas para poder adaptarla al público.

49 Mírese en el espejo para ver qué impresión causa.

PUNTOS QUE RECORDAR

- Es importante dormir bien la noche anterior al discurso.

- Es útil llevar consigo un peine, un cepillo de dientes, una plancha de viaje, un cepillo de ropa y otro para los zapatos; todo ello le permitirá lucir su mejor aspecto en la ponencia.

- Debe asegurarse de tener cerradas las cremalleras, abrochados los botones y metida la camisa antes de entrar en la sala.

- Una chaqueta ocultará las manchas de la transpiración.

CAUSE BUENA IMPRESIÓN

Las primeras impresiones son importantes y muy difíciles de cambiar. Tenga en cuenta la rapidez con la que juzga a las personas que ve por primera vez. La manera en la que una persona viste, camina e incluso está de pie transmite señales inmediatas. Antes de llegar hasta el podio, el público se habrá formado una opinión acerca de usted basada en estas primeras impresiones. Es importante decidir la imagen que desea transmitir al público con bastante antelación. Causar una primera impresión adecuada puede resultar esencial para el éxito de su discurso; para provocar una primera impresión adecuada su manera de vestir, caminar y estar de pie debe expresar seguridad.

CONOZCA AL PÚBLICO

Resulta más fácil transmitir su mensaje si el público puede identificarse con usted; siempre debe tener en cuenta cómo percibe el público su imagen. Si tiene alguna información acerca del público presente, le será más fácil decidir qué impresión desea crear. Recuerde que cierto tipo de vestimenta puede comunicar mensajes específicos a cada público. Por ejemplo, considere cómo será percibido un director de fábrica que se dirige a los obreros vestido con traje, en comparación con uno vestido con un mono.

50 No lleve nada que pueda distraer al público.

EVITE ESCOLLOS

Para evitar el problema de tener que llevar un traje inadecuado o sucio durante el discurso, debe comprobar el estado de la ropa que llevará con antelación. Si quiere estar realmente elegante, lleve el traje consigo y póngaselo poco antes de su disertación. Compruebe que la sala dispone de un lugar para cambiarse.

51 No meta las manos en los bolsillos durante el discurso.

Cabellos bien peinados

Corbata recta

Chaqueta planchada con buena caída

Pantalones planchados con raya

Zapatos lustrados

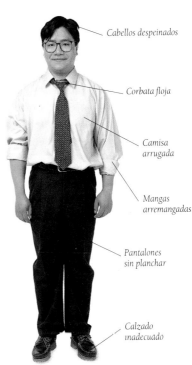

Cabellos despeinados

Corbata floja

Camisa arrugada

Mangas arremangadas

Pantalones sin planchar

Calzado inadecuado

▲ ASPECTO ASEADO

No siempre es necesario llevar un traje, pero siempre es necesario tener un aspecto aseado. Compruebe que la ropa esté limpia y bien planchada, los zapatos lustrados y su cabello peinado.

▲ ASPECTO DESCUIDADO

Si no se toma el tiempo de asearse, parecerá poco preparado y el público puede suponer que usted no es un experto en el tema. Un aspecto descuidado puede provocar la distracción del público.

CUIDE SU IMAGEN CORPORAL

Casi dos terceras partes de la comunicación entre las personas es no verbal y se transmite ya sea a través de gestos de las manos, expresiones faciales u otros tipos de lenguaje corporal. Una buena imagen corporal empieza por la postura: la posición del esqueleto.

52 Compruebe que el lenguaje corporal refleje lo que está diciendo.

ANALICE SU POSTURA

La mejor postura para iniciar el discurso consiste en estar derecho con los pies ligeramente separados y el peso del cuerpo repartido entre ambos. Los brazos deben estar relajados. Ésta es la postura menos comprometida y transmite un lenguaje corporal neutro. Si sabe cómo se interpretarán las diferentes posturas podrá crear diferentes impresiones. Por ejemplo: inclinarse ligeramente hacia delante da una sensación positiva y amistosa, como si estuviera estimulando al público y haciéndole participar. Inclinarse hacia atrás puede causar una impresión negativa y tal vez agresiva.

Cabeza erguida

Hombros hacia atrás

Espalda recta

Vientre comprimido

Brazos relajados

Glúteos comprimidos

Manos y dedos relajados

Piernas rectas

Rodillas flojas

Pies no demasiado separados

53 Aprenda a relajar los músculos faciales... ¡y sonría!

◀ **POSTURA CORRECTA**
Mantenerse derecho no sólo tiene beneficios físicos, como una mejor articulación; también puede afirmar su actitud mental. Una postura correcta aumenta su estatura y le dará una mayor confianza en sí mismo.

EVITE LAS MALAS COSTUMBRES

Para mejorar su postura y evitar las malas costumbres practique delante de un espejo o grabe los ensayos en vídeo, y observe cualquier gesto inconsciente. Pida a un colega que lo observe mientras ensaya y que comente cualquier gesto o postura que distraiga.

Si dirige la voz al atril sonará apagada

Si mira el atril perderá el contacto visual

Desplomarse sobre el atril parece poco profesional

Ponerse de espaldas al público distrae la concentración

Apoyo visual ocultado por el cuerpo

Cruzar las piernas desestabiliza la postura

◀ OBSTRUIR LA VISIÓN
Evite la tentación de inclinarse y ocultar los apoyos visuales. Prepárelos con antelación y use un puntero para no obstruir la visión del público.

▲ DESEQUILIBRIO
Evite apoyarse sobre una pierna o cruzarlas. Estas posturas son inestables y carecen de autoridad: un cuerpo inestable puede responder a una mente inestable.

MEJORE SU POSTURA

Los músculos de su cuerpo están ahí para mantener erguido el esqueleto. Si los usa del modo correcto, su lenguaje corporal dirá «Soy una persona equilibrada y segura». Si sus músculos se relajan demasiado, su cuerpo se verá dejado. Para mejorar su postura, practique y permanezca erguido hasta que lo sienta como algo espontáneo. Imagine que es más alto de lo que en realidad es, o que le tiran de un hilo que tiene en la cabeza para mantenerse en esa postura.

54 Siempre debe llevar calzado cómodo durante el discurso.

55 Evite que el cabello caiga sobre la frente.

Mejore su voz

E n un discurso, el tono y el volumen
de la voz tienen un efecto crucial.
Comprender cómo funciona el sistema vocal
y cómo controlarlo para modificar el sonido de
la voz es una parte esencial para pronunciar
un discurso con éxito.

56 Chupe una pastilla
de menta o de miel
antes de empezar
a hablar.

RESPIRE
CORRECTAMENTE

Respire lenta y profundamente
para aumentar la asimilación de
oxígeno y el flujo de sangre al
cerebro. Le ayudará a pensar
con más claridad y a ordenar
sus pensamientos al hablar
delante de un público. Una
mayor asimilación de oxígeno
también mejora el flujo de aire
que llega a las cuerdas vocales;
le permitirá hablar con claridad,
reducirá el nerviosismo y
aumentará su tranquilidad.

Costillas

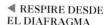

◀ **RESPIRE DESDE**
EL DIAFRAGMA
La respiración se verá apoyada
al respirar con el diafragma
y mejorará el tono de la voz.

Las cuerdas vocales
producen sonidos cuando
vibran y el aire las recorre

Los pulmones se dilatan y se
contraen con el movimiento
de las costillas y el diafragma

El diafragma separa
el pecho del abdomen

57 Hacer ejercicios
de yoga mejora
la profundidad
de la respiración.

CONTROLE LA VOZ

El sonido se produce cuando el aire recorre las
cuerdas vocales y las hace vibrar. Por este motivo,
el primer requisito para hablar con claridad
consiste en llenar los pulmones de aire. Podrá
aprender a aumentar el aire inspirado practicando
un sencillo ejercicio de respiración (véase derecha).
El segundo requisito es el buen funcionamiento
de la laringe, que alberga las cuerdas vocales.
Descanse la laringe el día antes de la ponencia
hablando poco.

EMPLEE EL TONO CORRECTO

En muchos idiomas, la única diferencia entre una pregunta y una afirmación depende de la entonación. Una afirmación como «el despacho del director general está allí» puede parecer una pregunta si el tono sube al final de la oración. El público debe comprender el significado preciso de sus palabras; haga un uso cuidadoso del tono y la entonación para transmitir el mensaje correcto.

> **58** Ensaye cambiar la entonación de algunas oraciones.

Relaje los músculos faciales

Inhale por la nariz

Incline la cabeza ligeramente hacia atrás

La caja torácica se dilata

Apoye una mano en el diafragma

◀ 2. INHALE
Inspire lenta y profundamente por la nariz y sienta cómo se dilata la caja torácica. Contenga la respiración todo lo que pueda.

La caja torácica se contrae

Exhale por la boca

◀ 3. EXHALE
Exhale la mayor cantidad de aire posible por la boca, expulsando todo el aire de los pulmones a medida que se contraiga la caja torácica.

Los pies alineados con los hombros

Sienta cómo la caja torácica sube y baja con cada respiración profunda

▲ 1. CONTROLE LA RESPIRACIÓN
Éste es un ejercicio de relajación. Póngase de pie, en una posición equilibrada con el peso distribuido de manera pareja. Apoye la mano izquierda sobre el diafragma, escuche la respiración y sienta el movimiento de las costillas al respirar.

◀ 4. REPITA EL EJERCICIO
Siga exhalando y abra la boca cuanto pueda al exhalar. Repita el ejercicio haciendo una pausa breve entre una inhalación y la siguiente.

ELIMINE LA TENSIÓN

*C*uando uno está nervioso, los músculos se tensan. Esto ocurre porque el cuerpo los prepara instintivamente para «luchar o huir», la opción básica con la que se encuentran las personas frente al peligro. Unos ejercicios sencillos ayudarán a eliminar esta tensión.

59 Estírese e imagine que es más alto de lo que en realidad es.

REDUZCA LA TENSIÓN

La tensión acumulada por los músculos puede tener algunos efectos no deseados durante un discurso. Puede estropear la postura, obligándolo a encoger los hombros y parecer a la defensa. También puede evitar una función correcta de la laringe: la voz adquiere ese temblor conocido que se relaciona con el nerviosismo. Estar tenso durante mucho tiempo cansa y puede disminuir el impacto de su discurso. Hay una serie de ejercicios sencillos que le ayudarán a reducir la tensión muscular y a aumentar su control corporal.

Reduzca la tensión de la mano apretando y relajando

▲ **APRIETE LA MANO**
Este sencillo ejercicio se puede hacer en cualquier momento y cualquier parte. Apriete y suelte una pequeña pelota de goma con la mano. Repita varias veces.

Empuje la cabeza contra las manos

VISIÓN ANTERIOR

Empuje los codos hacia atrás

VISIÓN POSTERIOR

Las manos se unen detrás de la cabeza en la base del cráneo

◄ **EMPUJE EL CUELLO**
Para aliviar la tensión de la cabeza y el cuello, una las manos en la base del cráneo y mantenga los codos hacia atrás. Presione las manos contra la cabeza con toda su fuerza. Mantenga este estiramiento durante unos 10 segundos, afloje y repita.

EJERCICIOS SENTADOS

Es posible hacer ejercicio incluso sentado, ya sea ante el escritorio, metido en un atasco de tráfico o en casa. Haga los sencillos ejercicios indicados más abajo para mantener el cuerpo flexible y eliminar la tensión. No requieren un nivel elevado de fuerza y su eficacia es mayor si los practica a diario. Si se toma el tiempo de estirar el cuerpo durante algunos minutos cada día, ayudará a evitar la tensión muscular y las dolencias relacionadas con ésta, como dolores de cabeza, de nuca y de espalda.

60 Permanezca relajado en posición erguida durante 10 minutos.

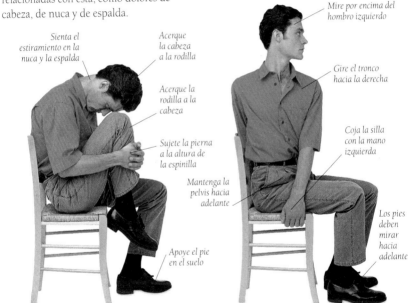

Sienta el estiramiento en la nuca y la espalda

Acerque la cabeza a la rodilla

Acerque la rodilla a la cabeza

Sujete la pierna a la altura de la espinilla

Apoye el pie en el suelo

Mire por encima del hombro izquierdo

Gire el tronco hacia la derecha

Coja la silla con la mano izquierda

Mantenga la pelvis hacia adelante

Los pies deben mirar hacia adelante

▲ ESTIRE EL CUERPO

Este estiramiento alivia la tensión del cuello, espalda y los ligamentos de las corvas. Siéntese mirando hacia delante en una silla recta y acerque la rodilla derecha al pecho; sujétela con las manos unidas sobre la espinilla. Baje la cabeza y mantenga el estiramiento durante unos 10 segundos. Repita tres veces con cada pierna.

▲ ESTIRE LA COLUMNA

Alivie la tensión de la columna y los hombros mientras está sentado. Coja la parte trasera del asiento con la mano derecha y gire; coja la silla con la mano izquierda. Mantenga las caderas, piernas y pies mirando hacia adelante, mire por encima del hombro izquierdo. Mantenga la posición 10 segundos y repita del otro lado.

HACER UNA EXPOSICIÓN ORAL

La clave para una buena presentación consiste en ser uno mismo, ser natural. Cualquier otra cosa parecerá y sonará falsa, salvo que sea un actor consumado.

CONTROLE SUS NERVIOS

Salvo los oradores más experimentados, todos nos sentimos nerviosos antes de hacer una exposición oral. El nerviosismo impide ser natural; haga todo lo posible para controlar los nervios, ello redundará la eficacia de su discurso.

61 Piense en los factores relacionados con la exposición que lo ponen nervioso.

PUNTOS QUE RECORDAR

- Si comprueba que todo el atrezo y los apoyos audiovisuales han llegado al lugar de la presentación podrá concentrarse en la preparación.

- Una preparación a fondo convence de que todo saldrá bien.

- Comer y beber abundantemente antes de la ponencia lo hará sentirse y parecer adormilado.

- La práctica hace al maestro.

IDENTIFIQUE EL NERVIOSISMO

Para resolverlo de un modo eficaz es necesario anticiparse a, e identificar, los síntomas que suelen afectarlo. Hay muchos: el más común es una sensación desagradable en el estómago. Otros son la sequedad de la boca, un tic en la comisura del ojo, manos temblorosas, palmas sudorosas, toquetearse el cabello o la ropa y balancearse de un lado al otro, además de sentir tensas varias partes del cuerpo. Todo el mundo tiene síntomas diferentes, pero es muy común experimentar más de uno a la vez.

ESTÉ PREPARADO

Una de las principales causas del nerviosismo es el temor de que algo saldrá mal durante la ponencia. Reduciendo la posibilidad de que esto ocurra, el temor disminuye y usted se calmará. La clave consiste en estar completamente preparado y no dejar nada al azar. Cada vez que piense en algo que desee volver a comprobar, apúntelo. Acostúmbrese a usar una lista de control cada vez que haga una presentación. Éstos son algunos de los puntos que debe comprobar:

- Que las páginas del guión o las notas estén numeradas, por si se le cayeran;
- Que sus apoyos audiovisuales sean visibles desde la parte posterior de la sala;
- Que todo el equipo eléctrico que piensa usar funcione correctamente;
- Que el lugar y su presencia estén confirmados, y que sepa la fecha correcta.

62 Sólo debe sonreír cuando le parezca natural hacerlo. Una sonrisa forzada siempre parece falsa.

APLAQUE EL NERVIOSISMO

Para que la ponencia sea sólida y eficaz debe estar relajado de antemano. Incluso si no se siente tenso, intente encontrar un sitio tranquilo para concentrarse y relajarse unos 30 minutos antes de hablar. Si sabe que tiene tendencia a sentirse nervioso, intente enfocar estos sentimientos de un modo positivo; con el tiempo se volverán familiares: recíbalos como si fueran viejos amigos e intente aprovecharlos. Cambie de actitud con respecto al ataque de nervios y denomínelo «anticiparse».

CÁLMESE

PREPARACIÓN
Recuerde lo bien que se ha preparado y revise las notas para el discurso.

ENSAYO
Recuerde el tiempo que ha dedicado a ensayar la ponencia y reflexione acerca de las cosas que aprendió durante los ensayos.

RELAJACIÓN
Haga los ejercicios de relajación cinco minutos antes de empezar, y mientras los hace, ¡relájese!

63 Duerma bien la noche anterior para poder estar despejado.

64 Siga la rutina fijada para la última hora antes del discurso.

ESTABLEZCA UN RITUAL

Seguir un ritual durante los últimos minutos anteriores a un discurso puede resultar útil. Debe seguirlo después de los preparativos descritos en la página anterior: tómese unos momentos para concentrarse, ejercitar los músculos faciales como se indica en la página siguiente y hacer algunos ejercicios de respiración. Debe ser una distracción tranquilizadora. Llevar a cabo una serie de movimientos sencillos antes de un reto estresante resulta tranquilizador. Para los que tienen miedo a volar, seguir una rutina similar también resulta de ayuda algunos minutos antes de que despegue el avión.

65 Imagínese pronunciando un discurso de primera.

CÁLMESE

Antes de la ponencia, cálmese ensayando el ritual tranquilizador de última hora y recuerde lo siguiente:

- Salvo que por algún motivo el público que lo espera sea hostil, recuerde que los asistentes desean presenciar una buena exposición. En otras palabras, están de su parte;
- A pesar de que la mayoría de las personas están nerviosas antes de hacer un discurso, el público supondrá que usted no lo está;
- Usted tiene un mensaje que transmitir al público: en forma de información práctica, puntos de vista personales, o ambas cosas. El público desea oírlo, si no, no hubiera acudido. Aproveche esta circunstancia y úsela para aumentar su confianza y contrarrestar sus nervios;
- Evite los excesos de confianza. Podría parecer un sabelotodo y hay muy pocos públicos, independientemente de lo interesados que estén, que se sientan atraídos por una persona de estas características.

PUNTOS QUE RECORDAR

- El nerviosismo puede aumentar la energía positiva de su presentación.
- El público está más interesado por lo que dice que por lo que siente.
- Su entusiasmo y sinceridad le ayudarán a conquistar al público.
- Algunos ejercicios breves ayudan a reducir los nervios de última hora.
- El tiempo dedicado a relajarse durante el último minuto le ayudará a concentrase durante la ponencia.
- Cuantos más discursos haga, mayores serán las oportunidades de perfeccionar su destreza.

66 Emplee una parte de la energía nerviosa para animar su discurso.

ELIMINE LA TENSIÓN

Antes del discurso, tómese un tiempo para relajar la tensión acumulada en el rostro y el tronco. Relaje los músculos de la cara haciendo los sencillos ejercicios abajo indicados. Le ayudarán a articular correctamente y será menos probable que tartamudee o se trabuque. Repita los tres ejercicios varias veces, hasta que su rostro se relaje.

67 Inhale con profundidad, relájese, sonría y empiece el discurso lentamente.

Músculos de la frente tensos

Estire la mandíbula

Apriete los labios

Abra bien los ojos

▲ FRUNZA EL CEÑO
Intente comprimir el rostro como si lo apretaran entre la barbilla y la frente. Empiece frunciendo el ceño. Relájese y repítalo.

▲ COMPRIMA EL ROSTRO
Durante 30 segundos cierre los ojos con firmeza, comprima los labios y apretuje el rostro como si se produjera una compresión lateral; luego relaje.

▲ ESTIRE LA BOCA
Abra la boca y los ojos todo lo que le sea posible, estirando los músculos del rostro. Repítalo dos o tres veces.

REDUZCA LOS NERVIOS DE ÚLTIMA HORA

Unos sencillos ejercicios de respiración de última hora ayudan a calmar el nerviosismo y proporcionan un mejor control corporal y vocal. Si se concentra en la respiración, sus ideas se calmarán y la sensación de tensión y ansiedad se disipará, lo que le permitirá centrarse con claridad. Haga los ejercicios de la derecha cerrando los ojos e inhalando varias veces profunda y controladamente.

Inhale por la nariz

◀ EJERCICIO DE RESPIRACIÓN
Cierre los ojos, apoye una mano sobre la parte superior del pecho y la otra en el diafragma. Inhale sintiendo cómo sube el diafragma, después exhale lentamente. Repítalo varias veces.

Sienta cómo el pecho permanece inmóvil mientras inhala

Sienta cómo sube el diafragma con cada inhalación

49

HABLE CON SEGURIDAD

La manera de hacer una presentación es tan importante como el mensaje en sí mismo. Empezar con lentitud es esencial. Después, emplee el tono de la voz, el ritmo y el lenguaje corporal para que el público capte su discurso con mayor claridad.

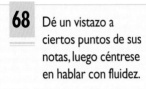

68 Dé un vistazo a ciertos puntos de sus notas, luego céntrese en hablar con fluidez.

Evite coger las notas al hablar

▲ **SOBREPÓNGASE A LOS NERVIOS**
Compruebe la altura del atril antes de empezar para asegurarse de que está a una altura cómoda. Si se siente nervioso, es tentador ocultarse detrás de los apuntes; entrénese para no cogerlos con la mano.

EMPIECE CON SEGURIDAD

Asegúrese de haber sido correctamente presentado al público. Una buena presentación establecerá su credibilidad y servirá para que el público tenga una idea clara acerca de lo que está por decirle. Averigüe quién lo presentará y déle instrucciones exhaustivas. Si fuera útil, asegúrese de que mencione su gran conocimiento del tema. Empiece a hablar con seguridad y a un ritmo natural; intente mencionar los primeros puntos sin referirse a las notas. Reafirmará su seguridad, franqueza y autoridad, y al mismo tiempo le permitirá establecer contacto visual con el público.

RITMO DE UNA PONENCIA

Si varía el ritmo del discurso, mantendrá el interés del público, pero no lo acelere ni lo haga más lento sólo por este motivo. Recuerde hacer una pausa entre los puntos principales y aproveche la oportunidad para mirar al público. Así también tendrá la oportunidad de evaluar su reacción frente a su discurso. A medida que recorra los puntos de su discurso hable de forma categórica y lenta cuando desee destacar puntos importantes.

69 Haga una pausa breve cada vez que plantee un punto importante.

USE EL LENGUAJE CORPORAL

En todo momento de la vida se emiten señales no verbales relacionadas con los sentimientos. En un discurso, este lenguaje corporal sirve para reafirmar el mensaje. Su postura siempre debe transmitir sinceridad y franqueza: evite cruzar los brazos o crear una barrera entre usted y el público. Emplee las manos para subrayar ciertas ideas: no gesticule en exceso, podría distraer. Si está relajado, el lenguaje corporal reafirmará su mensaje con naturalidad, y el uso de gestos adecuados puede ayudarle a disimular los nervios.

> **70** Relate una anécdota pertinente; su familiaridad le hará sentirse cómodo.

El contacto visual establece una relación positiva con el público

Un lenguaje corporal relajado transmite seguridad

La chaqueta abierta da una imagen de sinceridad

La mirada incorpora al público

Los gestos de las manos subrayan los puntos clave

▲ **HABLE CON AUTORIDAD**
Esta postura segura sugiere una comprensión profunda del tema y establecerá su autoridad y credibilidad ante el público.

▲ **PAREZCA Y SIÉNTASE RELAJADO**
Una vez establecido el contacto con el público, si el orador se relaja, se centrará más fácilmente en lo que está diciendo.

▲ **USE LOS GESTOS ADECUADOS**
El orador hace un buen uso de los gestos con las manos abiertas para subrayar su integridad y ganarse a todo el público.

USE EL CONTACTO VISUAL

El contacto visual es una herramienta muy poderosa que consigue una sensación de proximidad entre las personas. Durante un discurso, es importante establecer esta proximidad con el público. Pasee la mirada por todo el público sin olvidar a las personas sentadas en la parte de atrás y los lados. Aunque resulta tentador aumentar la frecuencia del contacto visual con los asistentes que parecen entusiasmados e interesados, no pase por alto a los que parecen neutrales u hostiles. Es más probable que los asistentes que se sientan excluidos por el orador reaccionen de manera más negativa frente al discurso que aquellos que se sientan interesados.

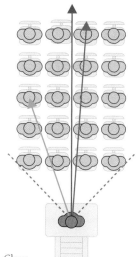

MIRE AL PÚBLICO ▶

Recorra todo el público con la mirada sin olvidar a los de la última fila. Al hablar, es mejor establecer un contacto visual inicial con una cara amistosa que mirar por encima de las cabezas de los asistentes.

Clave

---- *Límite de la visión del orador*

→ *Visión fijada en una cara amistosa del público*

→ *Visión fijada en la última fila del público*

→ *Visión fijada en la media distancia*

71 Inicie el contacto visual con alguien del público que le parezca accesible.

USE GESTOS

La perspectiva cambia en relación con el tamaño del público y debe adaptar los gestos en consecuencia. En el caso de los públicos numerosos, los movimientos deben ser muy exagerados para lograr el mismo efecto visual que en el de un gesto «normal». Por ejemplo, para que un gesto que subraye dos puntos: «por una parte… y por otra» tenga el impacto visual adecuado en un público numeroso, debe empezar por el hombro y no por el codo o la muñeca. Aunque al principio la gesticulación exagerada pueda parecer incómoda, el público la percibirá como algo natural.

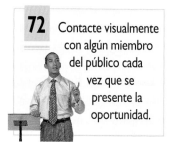

72 Contacte visualmente con algún miembro del público cada vez que se presente la oportunidad.

DESARROLLE UN ESTILO

A medida que adquiera experiencia, podrá usar los diversos recursos de los que dispone: la voz, el porte y las palabras que emplea, para generar diferentes impresiones. En general, querrá usar todas sus artes al mismo tiempo para lograr un único objetivo: mantener la atención del público. Por ejemplo: si desea subrayar un punto, use oraciones concisas, póngase erguido y hable en voz alta. Para que el público tenga la sensación de que usted compartirá una revelación importante con ellos, inclínese hacia adelante y baje la voz. Prestarán atención porque usted lo ha convertido en algo interesante. Estos recursos son un elemento esencial del éxito de cualquier ponente y, con la práctica, su uso se volverá automático. El estilo que utilice siempre debe adecuarse a cada público: lo que funciona con un grupo de personas puede no funcionar con otro.

73 Repita los números clave: «15 –uno, cinco– semanas.»

74 No tema usar gestos amplios y pausas largas.

LIMÍTE LA DURACIÓN DEL DISCURSO

Dígale al público durante cuánto tiempo hablará, para que sepan durante cuánto tiempo deben concentrarse: «Como sólo disponemos de 20 minutos, empezaré directamente...» Más adelante puede volver a recordarles que sigue teniendo un ojo puesto en la hora: «Sólo nos quedan cinco minutos, resumiré diciendo...» No se deje apartar del desarrollo de su discurso por un miembro del público que quiere hacer una pregunta o que parece estar en desacuerdo con algún punto planteado. Dígales cuándo contestará las preguntas del público y siga con el discurso.

QUÉ HACER Y QUÉ EVITAR

✔ Para mayor claridad, siempre debe hablar en un lenguaje sencillo y conciso.

✔ Use el contacto visual para ver la reacción del público. Su lenguaje corporal le revelará cómo reaccionan ante sus palabras.

✔ Las pausas deben ser contadas, calculadas y enfáticas. Úselas para que el público asimile lo que dice..

✔ Mire un reloj de pared para comprobar la hora en lugar de mirar el suyo.

✘ No se disculpe frente al público por su falta de experiencia como orador.

✘ No murmure ni dude. Si se pierde, permanezca en calma hasta volver a encontrar el hilo.

✘ No baje el tono al final de cada oración. Parecerá que no está seguro de lo que dice.

✘ No pierda de vista el mensaje que está transmitiendo o perderá la concentración y la atención del público.

CONCLUYA CON EFICACIA

Es esencial acabar el discurso con fuerza, ya que ayuda a crear la impresión que el público se llevará. Siempre ha de reiterar los puntos principales del discurso para que al público le queden claros.

75 No exhiba mucho tiempo los apoyos visuales: distraen al público.

SEÑALE EL FINAL

Durante el transcurso del discurso dé pistas que indiquen cuántos puntos le falta plantear, y cuándo se aproxima el final. Use frases como: «éste es el tercer punto de los cuatro que plantearé...» o «y ahora, para resumir brevemente antes de contestar sus preguntas...» Al informar al público que se acerca el final, tendrá toda su atención antes de resumir los puntos y las ideas principales. Es importante que el resumen abarque todos los puntos e ideas principales expuestos para que el público tenga una última oportunidad de recapitular el tema del discurso. Así les ofrece además una oportunidad de reflexionar acerca de las preguntas que desean plantearle.

COSAS QUE HACER

1. Dígale al público cuántos puntos quiere que considere.

2. No se pase del tiempo que le han asignado.

3. Calcule los puntos que puede eliminar si se pasa del tiempo asignado.

4. Si olvida algún punto, elimínelo; no lo incluya al final del discurso.

76 No se vaya corriendo, como si tuviera prisa.

77 Siempre debe concluir con un buen resumen.

DEJE UNA BUENA IMPRESIÓN

La impresión final que con la que el público se queda es la que permanecerá durante más tiempo; asegúrese de que sea positiva. Antes de hacer el discurso, trabaje las oraciones finales para poder exponerlas a la perfección. Para crear un «paquete» memorable para el público, combine las pausas, la entonación y los recursos verbales como la aliteración en el resumen. De este modo, captarán el mensaje y su reputación como orador aumentará.

FINALICE

Al resumir la ponencia evite adoptar un tono dogmático. Concéntrese en presentar hechos precisos y bien investigados, y no caiga en la tentación de manifestar opiniones personales acerca del tema. Base la conclusión en los hechos que ha presentado a lo largo de su discurso. Si después de la exposición hubiera una sesión de preguntas y respuestas, recuerde que el impacto de las oraciones finales cuidadosamente preparadas podría diluirse. En tal caso, puede optar por aceptar una serie de preguntas y después pronunciar un discurso breve y conciso resumiendo los puntos principales.

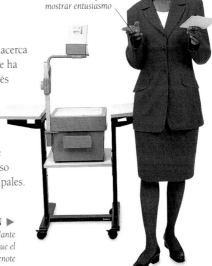

Gesticule con las manos abiertas para mostrar entusiasmo

PRESENTAR EL RESUMEN ▷

Cuando esté a punto de resumir el discurso, póngase delante de cualquier apoyo visual que esté utilizando para que el público pueda verlo bien. Adopte una postura que denote seguridad y exponga las oraciones finales con autoridad.

---

78 Al resumir haga uso de la aliteración.

79 Haga una pausa entre el resumen y la sesión de preguntas y respuestas.

FINALICE CON FUERZA

Crear un final memorable es importante. Para hacerlo, tenga en cuenta diversos consejos:

- Condense el discurso en una o dos oraciones. Al resumir es importante ser breve; la atención del público será mucho mayor si pronuncia unas oraciones breves y positivas en lugar de un monólogo de 10 minutos;
- Haga hincapié en las palabras y frases clave; Hacer una pausa después de cada una las enfatiza. También es una buena idea recalcar la conjunción «y» al llegar al último punto principal;
- Use la aliteración. El uso de varias palabras que empiezan con la misma letra ayudará a que un resumen sea memorable. Limite la aliteración a un máximo de tres palabras.

EL PÚBLICO

El discurso se hace en beneficio de un público, no del presentador.
Asegúrese de saber cómo interpretar la respuesta de un público
y cómo enfrentarse a sus reacciones.

JUZGUE EL ESTADO DE ÁNIMO

*Intente llegar al lugar de la presentación
con la suficiente antelación para evaluar
el estado de ánimo del público. ¿Llueve
torrencialmente? ¿Es probable que sientan
hostilidad frente a lo que usted desea decirles?
¿Los ha hecho reír un interviniente anterior?*

GÁNESE AL PÚBLICO

Juzgue el estado de ánimo del público, por ejemplo
evaluando su reacción frente a los oradores que le
antecedieron. Entonces podrá adoptar una estrategia
para exponer su mensaje con eficacia. Si cualquier
asistente pareciera aburrido o adormilado,
estimúlelos planteando una serie de preguntas que
se puedan contestar levantando la mano. «¿Cuántos
han llamado a su despacho antes de venir aquí?
¿Sólo tres? Bien, entonces, ¿cuántos pensaron en
hacerlo?» Si el público fuera hostil, podría iniciar la
ponencia con un chiste, pero asegúrese de que su
lenguaje corporal transmita señales positivas.

80 Escuche tantos
discursos previos
como pueda.

81 Haga que los
asistentes sepan que
usted es consciente
de sus sentimientos.

BUSQUE INDICIOS

Usted habrá ensayado su lenguaje corporal como parte de la preparación para su discurso. Ahora debe aprender a leer el lenguaje corporal de los asistentes. Preste atención a las señales y no espere que todos expresen lo mismo. Algunos pueden estar inclinados hacia adelante, ansiosos de plantear una pregunta, mientras que otros pueden estar hundiéndose en sus asientos, deseando estar en otra parte.

82 Cree interés a los asistentes preguntando a intervalos regulares.

Expresión imperturbable

Los brazos cruzados forman una barrera delante del cuerpo

Las piernas cruzadas pueden sugerir negatividad

POSTURA ▶ NEGATIVA
Esta postura: inclinada hacia atrás y con los brazos cruzados, sugiere resistencia frente al público.

RECONOZCA LA NEGATIVIDAD

Hay muchas maneras en que los miembros de un público pueden indicar desaprobación u hostilidad. Esté atento a las personas que se inclinan para criticar su discurso con el vecino. También ha de atender a las personas ceñudas, de brazos cruzados, que lo miran directamente, o que miran hacia arriba como si el techo interesara más que cualquier cosa dicha por usted. Recuerde que observar sólo un aspecto del lenguaje corporal –unas piernas cruzadas, por ejemplo– puede dar una impresión equivocada; observe la imagen total antes de llegar a una conclusión.

OBSERVAR INDICIOS DE INTERÉS

Las posturas que indican interés son fáciles de descubrir: busque personas que sonríen o asienten con la cabeza, o que están inclinados hacia adelante en sus asientos y lo observan atentamente. Podrían tener el ceño ligeramente fruncido por la concentración. Es probable que pueda convencer a aquellos que manifiesten cualquiera de estos indicios; asegúrese de ganar su atención.

Ceño fruncido

Torso inclinado hacia adelante

Los dedos entrelazados indican seriedad

◀ POSTURA REFLEXIVA
Inclinarse hacia adelante con los codos apoyados en las rodillas y la barbilla entre las manos sugiere que esta persona reflexiona sobre un punto planteado por el orador

INTERPRETE LOS INDICIOS FACIALES

En cuanto al lenguaje corporal, lo más expresivo es el rostro. Si está suficientemente cerca de los asistentes, podrá descubrir múltiples indicios pequeños, desde el movimiento de las cejas y la mirada hasta la inclinación de los labios. Al igual que en el lenguaje corporal general, siempre debe leer el rostro en su totalidad. Es posible que un solo indicio aislado no indique realmente qué siente esa persona.

> **83** Esté atento a una mano disimulando un bostezo.

Una expresión facial neutra indica una ausencia de opinión formada

La barbilla apoyada en la mano indica concentración

Las piernas cruzadas sugieren una actitud contemplativa

POSTURA ▶ NEUTRAL
Esta postura relajada sugiere una actitud abierta. Esta persona aún no ha tomado posición y está dispuesta a seguir escuchando.

INTERPRETE LOS GESTOS DE MANOS Y BRAZOS

Los movimientos de manos y brazos aumentan el impacto de un discurso y dan mucha información sobre la persona que los emplea. En una sesión de preguntas y respuestas, anote los gestos de manos y brazos hechos por los que preguntan. Si no los viera claros pida a los que hablan que se levanten. Los gestos utilizados por las personas tienen un gran componente cultural; considérelo al interpretar el lenguaje corporal. Por ejemplo, si un europeo del norte gesticula con énfasis puede que esté nervioso, pero este tipo de gesticulación forma parte de las conversaciones de la mayoría de los europeos del sur.

ENFRÉNTESE A LOS IMPREVISTOS

¿Sabría qué hacer si se produjera un sonoro ruido durante su discurso? ¿O si un asistente sufre un ataque repentino? Aunque las posibilidades de que esto suceda sean remotas es una buena idea reflexionar acerca de los pasos a seguir si tuviera que vérselas en un caso así.

Pregúntese si sabe dónde están los interruptores, el equipo de primeros auxilios, cómo solicitar ayuda médica y dónde están las salidas de emergencia. Si no lo supiera, asegúrese de obtener esta información antes de su comparecencia.

USE LOS OÍDOS

No es necesario que todas las luces estén encendidas para interpretar el lenguaje corporal del público: en gran parte es posible captarlo auditivamente. Podrá escuchar el rumor de las personas inquietas o los susurros; ambos pueden indicar que el público está aburrido o confuso. Cuando uno está concentrado en la ponencia es fácil desconectarse, pero siempre merece la pena estar atento a los ruidos: es una pista valiosa para juzgar el estado de ánimo del público.

84 Tenga presente el golpeteo de los pies: es un indicio de impaciencia.

OBSERVE LAS PIERNAS

La postura de las piernas dice mucho de la actitud de esa persona. Por ejemplo, si un miembro del público las tiene cruzadas, puede indicar que aún está reflexionando acerca del discurso. Sin embargo, si las tiene juntas puede estar totalmente de acuerdo con lo planteado. Si el público está sentado, posiblemente sólo vea el movimiento de los asistentes de la primera fila, pero los movimientos de sus piernas deberían ser un indicio de la reacción del resto del público.

Apoyar la barbilla en los nudillos indica interés por aprender

La disposición de las piernas indica atención

◀ **POSTURA INTERESADA**
Esta postura expresa interés. El cuerpo está inclinado hacia delante y la barbilla se apoya sobre la mano. La posición de las piernas también reafirma la postura positiva del tronco.

Inclinarse hacia adelante indica acuerdo

POSTURA DE ▶ CONSENTIMIENTO
La postura relajada de las manos, las piernas paralelas y la expresión sincera del rostro indican un acuerdo total con lo expuesto.

ANOTE LOS HÁBITOS

Muchas personas reafirman el lenguaje corporal toqueteando sus objetos personales, como gafas, relojes, pendientes o gemelos. Mirar el reloj puede indicar aburrimiento e incluso impaciencia, mientras que mascar un bolígrafo o las gafas sugiere una actitud reflexiva. El aspecto positivo es que si alguien está sentado sin moverse y no presenta ninguno de estos vicios, suele ser un indicio de un interés y un acuerdo totales con el contenido del discurso.

RESPONDA A LAS PREGUNTAS

Muchos discursos excelentes fallan por una manera incorrecta de enfrentarse a las preguntas finales planteadas por el público. Aprenda a enfrentarse a preguntas difíciles e incómodas durante la preparación y podrá responder a cualquier pregunta con seguridad.

85 Practique contestando a preguntas que improvise un amigo.

86 Mantenga la calma, sin tener en cuenta el tono o la intención del que pregunta.

PUNTOS QUE RECORDAR

- Las sesiones de preguntas y respuestas pueden tener la misma importancia que el discurso en sí.

- Es posible anticiparse a la mayoría de las preguntas con una completa investigación del material.

- La mayoría de las preguntas planteadas por el público tendrán una intención general; no debe tomarlas personalmente.

- Los nervios pueden tentarlo a dar una respuesta apresurada. Siempre debe reflexionar acerca de la respuesta antes de hablar.

- Algunas preguntas pueden necesitar una aclaración del que las plantea.

- Siempre hay que responder a una pregunta por vez.

PREPÁRESE CORRECTAMENTE

Es importante estar completamente preparado para contestar las preguntas lanzadas por el público. Una vez que haya terminado de preparar el borrador del discurso, léalo cuidadosamente varias veces, tome nota de cualquier pregunta sin respuesta que plantee e intente llenar las lagunas. Una vez hecho, lea la ponencia a amigos o colegas y pídales que planteen cualquier duda. Tenga en cuenta los puntos planteados y añada información si parece necesario. Sea consciente de que, pese a esta preparación, pueden plantearle una pregunta incómoda en la que no ha pensado.

DEMUESTRE CONFIANZA

Al igual que un buen discurso puede fallar por una mala sesión de preguntas y respuestas, uno mediocre puede salvarse gracias a una buena actuación final. Conteste a las preguntas con el mismo tono sonoro y claro y la forma sucinta como hizo el discurso. Es especialmente importante si ha tenido que sentarse o desplazarse a otro sitio para responder. Si fuese adecuado, póngase de pie al contestar y no alce la voz. No gesticule con las manos ni use un lenguaje corporal negativo, como cruzar los brazos: parecería estar a la defensiva.

NO PIERDA EL CONTROL

Nunca permita que más de una persona hable al mismo tiempo, si no, podría perder el control de la situación. Establezca que sólo puede contestar a una pregunta por vez: «Primero escucharemos su pregunta, Juan, y luego contestaré la suya, Laura». Siempre ha de evitar una discusión prolongada acerca de asuntos menores; si las cosas se complicasen, postergue la discusión para más adelante.

87 Decir: «¡Ése punto es interesante!» animará a un asistente tímido o nervioso.

ENFRENTARSE A LOS QUE PREGUNTAN

Son muchos los que preguntan y es importante poder reconocerlos para tratarlos en consecuencia. Los fanfarrones intentan demostrar que saben más que usted, mientras que los poco precisos divagan y nunca plantean una pregunta directa. Ambos requieren un trato cuidadoso. Obligue al poco preciso a concentrarse en el tema: diga «Ése es un punto interesante y plantea una pregunta acerca de...» Los fanfarrones pueden causar problemas si los ataca; siempre debe tratarlos con amabilidad.

88 Remita las preguntas hostiles al que las planteó o al público.

POSIBLES TIPOS DE PREGUNTAS

Hay ciertas preguntas típicas que se repiten una y otra vez en las sesiones de preguntas y respuestas. Aprenda a reconocerlas para enfrentarse a ellas con éxito:

● La Pregunta Resumen: «Me parece que lo que dice es... ¿Tengo razón?» Se trata de un esfuerzo para resumir;

● La Pregunta Directa: «¿Puede informarme acerca de los servicios que ofrecen en Brasil?» Es una petición directa de información;

● La Pregunta Yo y Lo mío: «Cuando mi madre lo intentó, descubrió lo contrario. ¿Cómo lo

explica?» Uso de la experiencia personal para plantear un punto;

● La Pregunta Cartesiana: «¿Cómo puede decir X y sin embargo insistir en Y?» En este caso se emplea la lógica para derrotar al orador;

● La Pregunta Agresiva: «¿Cuándo volverán a los niveles de 1955?» Se trata de un ataque malicioso;

● La Pregunta de las Buenas Relaciones: «¿Ha hablado con mi buen amigo José María Cuevas sobre este problema?» Darse tono al nombrar a gente importante sirve para subrayar el poder.

ANALICE LAS PREGUNTAS

Sólo dispone de unos instantes para analizar el carácter de las preguntas que le plantean. ¿Le están pidiendo que resuma la ponencia? ¿Es una mera petición de mayor información acerca del tema? ¿Le están tendiendo una trampa? Algunas personas quieren plantear algo en lugar de hacer una pregunta: si su reacción es positiva y reafirma el argumento del orador, es de cortesía aceptarla. Sin embargo, si fuera irrelevante, agradezca al que la planteó y pase a la pregunta siguiente.

GANE TIEMPO

Si tuviera que enfrentarse a una pregunta particularmente difícil, mantenga la calma y tómese un tiempo para reflexionar antes de responder. Al enfrentarse a una pregunta que exige una reflexión cuidadosa, no tema volver a examinar sus notas: no perderá el control si le dice al público lo que está haciendo y por qué. Si fuera absolutamente necesario, use una táctica evasiva, como beber un trago de agua, toser o sonarse la nariz. Así evitará que parezca que no sabe qué decir.

89 Dirija la respuesta a todo el público, no sólo al que hizo la pregunta.

PUNTOS QUE RECORDAR

- Responder a las preguntas del público puede aumentar su credibilidad demostrando un conocimiento más amplio del tema.

- Es necesario que el público sepa si está manifestando opiniones personales o hechos concretos.

- Es esencial no meterse en discusiones con los asistentes, independientemente de que sus planteamientos sean inaceptables.

- Siempre debe responder con respeto y cortesía.

- Algunas preguntas realmente difíciles deberán ser investigadas y contestadas más adelante.

CONTESTE A PREGUNTAS IMPOSIBLES DE RESPONDER

Hay una serie de respuestas estándar para contestar a preguntas difíciles. Si no sabe una respuesta, intente contestar satisfactoriamente para demostrar que no ha pasado por alto la pregunta. Si el que pregunta persistiera, remita la pregunta al público.

« Ignoro la respuesta, pero puedo averiguarla. Si me deja su dirección, me pondré en contacto con usted. »

« No estoy seguro de saber la respuesta. Tal vez podríamos comentarlo después de la sesión. »

« Tengo que reflexionar. ¿Podemos retomarla más adelante? Siguiente pregunta, por favor. »

« Esa pregunta no tiene una respuesta, correcta o incorrecta. Sin embargo, personalmente creo que... »

ENFRENTARSE A INTENCIONES OCULTAS

Tenga cuidado con las preguntas pensadas para descubrir debilidades en su argumento, avergonzarle y desautorizar sus planteamientos. Las preguntas poco relacionadas con el discurso pueden ser un intento de fanfarronear por parte de algún asistente. Otra posibilidad es que su origen sea un deseo de destruir su credibilidad haciéndolo parecer poco informado. Intente disponer de algunas respuestas tipo, como «Hoy no pensaba referirme a ese aspecto del tema», o «Eso es un asunto diferente; ahora no dispongo de tiempo para comentarlo», que, pese a ser una evasiva, hará disminuir la presión ejercida sobre usted.

90 Gánese al público con sus conocimientos.

91 Evite mostrarse superior con el público.

IMPROVISE

De vez en cuando, un miembro del público podría plantear una pregunta inteligente que necesita abundantes comentarios acerca de algún aspecto de la ponencia. Si no fuera de interés general, dígale al que pregunta que se ponga en contacto con usted una vez acabada la ponencia. Pero si piensa que todo el público se beneficiaría escuchando más detalles –y está seguro de los datos– puede optar por presentar una miniponencia improvisada. Sea breve; estructure el discurso improvisado con claridad y preséntelo con la misma fluidez que la exposición prevista.

SEA SINCERO CON EL PÚBLICO

Habrá circunstancias en las que, por diversas razones, ignorará la respuesta a una pregunta. Si ocurriera, sea sincero con el público. Si no conoce los datos, es mejor reconocerlo inmediatamente en lugar de salirse por la tangente. No conteste con frases tipo: «Hablaré de ese punto más adelante», porque el público se contrariará ante cualquier intento de engaño y usted podría perder credibilidad.

Evalúe si la respuesta solicitada es meramente objetiva o si también es una cuestión de opinión personal. Si se tratara de lo último, pisará terreno más firme, ya que podrá reconocer que ignora los datos y sin embargo ofrecer una respuesta razonable, basada en la experiencia o en una opinión personal.

92 Prepare una o dos respuestas amplias por adelantado para responder a preguntas que sabe que le harán.

ENFRÉNTESE A LA HOSTILIDAD

En algunas ocasiones, un discurso puede provocar sentimientos intensos o puntos de vista violentamente opuestos entre los miembros del público. Cuando se vea en una situación tal, debe ser capaz de enfrentarse tanto a las muestras de hostilidad como al silencio.

93 Recuerde que la hostilidad se dirige contra sus opiniones, no contra usted.

94 Evite el contacto visual prolongado; puede fastidiar.

RECONOZCA A LOS DÍSCOLOS

Aprenda a reconocer a los posibles díscolos del público y podrá enfrentarse a ellos mejor. Los que quieren llamar la atención pueden reaccionar con sarcasmo frente al discurso, sólo para darse importancia, otros pueden reaccionar inconscientemente frente a una pregunta retórica sin albergar malicia. Es probable que la mayor perturbación sea la provocada por los miembros del público que lo interrumpan, personas que están en desacuerdo con lo que dice y que quieren causar problemas.

Ilustre los puntos con un ejemplo interesante

Resuma los puntos principales hasta ese momento

Empiece con fuerza

Haga una pausa para beber un sorbo de agua, y vuelva a mirar al público, ya que esto puede modificar el curso de los acontecimientos

Deje caer los apuntes

Cuente un chiste a costa suya

El que interrumpe grita «¡tonterías!»

La ponencia se convierte en un caos

ENFRÉNTESE A LOS QUE INTERRUMPEN

Hacen acto de presencia en todo tipo de situaciones, fastidiando a los oradores con preguntas incómodas e interrumpiendo. Sea amable con ellos, pero manténgase firme. El objetivo será que el resto del público se ponga de su parte. No siempre resulta fácil, y subestimar a estas personas puede salir caro si les permite que minen su concentración. Los que interrumpen suelen tener alguna inquietud sincera que, si no se ocupa de ella correcta y rápidamente, podría ser retomada por otros miembros del público.

Si alguien rechaza alguna cosa dicha por usted, no discuta. Si está planteando hechos y no opiniones, aclárelo y presente las pruebas. Si plantea una opinión personal, sea sincero: éste es su discurso. Ofrézcales la oportunidad de hablar más adelante.

PUNTOS QUE RECORDAR

- No ganará nada enfadándose.
- Todos merecen ser escuchados con ecuanimidad, incluso cuando es imposible estar de acuerdo con su punto de vista.
- Cualquier punto de acuerdo con una personas contraria a sus ideas debe destacarse.
- Es importante repetir su planteamiento al final de la ponencia.

95 Si plantea hechos, apóyelos con pruebas.

Reaccione correctamente a las preguntas del público

Concluya con un resumen preciso

▲ NO PIERDA EL RUMBO

Esta ilustración muestra dos desarrollos posibles de una ponencia: uno negativo y otro positivo. Pese a un inicio sólido, puede haber contratiempos, lo que hace que la ponencia acabe en un caos. Para no perder el rumbo, conserve la calma, ocúpese de los contratiempos a medida que ocurran y siga con serenidad y aplomo. Manteniendo el interés del público, cualquier situación puede ser un éxito.

ENFRÉNTESE CON UN CONFLICTO ENTRE EL PÚBLICO

Si un desacuerdo importante entre los miembros del público interrumpiera su discurso, recuerde que el público supondrá que usted hará de mediador. Alivie la tensión asegurándoles a todos que tendrán la oportunidad de hablar y restablezca el equilibrio lo antes posible. Vuelva a marcar el rumbo correcto recordando el objetivo de su discurso al público. Siempre intente que el público sepa que usted es el que controla. Si la situación se deteriorara aún más, pida ayuda a los organizadores o dé por acabada su disertación.

96 Si hace el discurso sentado, póngase de pie para afirmar su autoridad.

97 Intente hallar puntos en común con el público.

98 Desvíe las preguntas hacia otras fuentes de información.

ENFRÉNTESE A UN GRUPO INDIFERENTE

Aunque un público indiferente no es necesariamente hostil, muchos prefieren enfrentarse a una hostilidad manifiesta en lugar de al silencio. En una situación tal, es fácil imaginar que el público no plantea preguntas porque el discurso no le interesa. Es improbable que éste sea el caso; es probable que sencillamente se trate de personas indiferentes. Si hay alguien que preside no debería preocuparse. Él o ella invitará al público a hacer preguntas y, si no las hubiera, planteará las suyas. Si nadie preside, plantee algunas preguntas directas y generales al público para estimular su reacción.

ENFRÉNTESE A LA HOSTILIDAD

Un público puede ser hostil por diversas razones, incluyendo un desacuerdo fundamental con lo planteado en el discurso, enfado con un orador anterior o resentimiento por tener que escuchar su discurso cuando han acudido para escuchar otro. Una técnica útil para enfrentarse a la hostilidad es reconocerla. Intente desarmar a un público hostil siendo sincero y después pídale que dejen de lado sus prejuicios. Otra posibilidad es colocar un amigo o un colega entre el público para que plantee una pregunta que inicie la discusión. El «infiltrado» puede plantear una pregunta aparentemente incómoda a la que usted podrá contestar con una respuesta sólida preparada con anterioridad, lo que hará que se gane a algunos miembros del público.

99 Espere a que el público pregunte, incluso si no lo hace.

DIFERENCIAS CULTURALES

Algunas veces un orador puede generar hostilidad de manera inconsciente metiendo la pata en un aspecto cultural. Durante un discurso, para la mayoría de los occidentales resulta aceptable que el orador subraye un punto señalando con el dedo índice. Sin embargo, para muchos orientales es un gesto grosero y prefieren que se haga con toda la mano.

100 No mienta, porque el público reconocerá su falta de sinceridad con rapidez y su autoridad disminuirá.

EL TRATO CON LOS MEDIOS DE COMUNICACIÓN

Si tiene que hablar en una reunión pública o representar a su empresa en una conferencia de prensa, el trato con los medios de comunicación debe ser confiado. Siempre debe responder a las preguntas con calma, amabilidad e inteligencia, y evitar que los periodistas le atribuyan palabras no dichas.

《《 *Ya he planteado mi punto de vista durante la ponencia. En este momento no creo que tenga nada más que añadir...* 》》

《《 *No, no es eso lo que estoy diciendo, en absoluto. Quisiera reiterar que lo que digo es...* 》》

《《 *No cabe duda de que su punto es válido, pero yo prefiero pensar que...* 》》

《《 *Aunque agradezco sus manifestaciones, debo subrayar que...* 》》

APRENDA DE LA EXPERIENCIA

Enfrentarse a preguntas incómodas y a una hostilidad generalizada durante un discurso requiere una habilidad cuyo desarrollo puede llevar mucho tiempo. Aprenda de sus errores y aproveche otras circunstancias de la vida en las que ha tenido que enfrentarse con dificultades de este tipo. ¿Cómo se las arregló? ¿Reflexionó acerca de la situación antes de contestar? ¿Desactivó la situación empleando el tacto? ¿Qué ocurriría si el público recurre a la risa burlona para minar su credibilidad? La mejor respuesta a este tipo de situación consiste en emplear el humor; nunca conteste con sarcasmo: sólo podría agravar la situación.

Si sabe que es probable que su discurso provoque hostilidad, intente anticiparse a la hostilidad. Ensaye enfrentarse a comentarios agresivos pidiendo a sus colegas que le planteen preguntas difíciles. Cuanta más experiencia tenga, tanto mayor será la seguridad con la que conteste.

PUNTOS QUE RECORDAR

● No perder la calma al enfrentarse a la hostilidad del público puede ayudar a desactivar una situación negativa.

● Sólo debe contestar a la pregunta que le hicieron, no la que usted hubiera preferido.

● Las respuestas deben ser breves, especialmente si sabe que hay otros que desean plantearle preguntas.

● Detrás de la agresión o la hostilidad podría haber intenciones ocultas.

● El silencio puede ser útil para provocar las preguntas del público.

101 Esté relajado pero atento y disfrute de su ponencia.

Evalúe su capacidad

ecuerde que la práctica hace al maestro: vea cada discurso como una oportunidad para ensayar el siguiente. Evalúe su actuación contestando las siguientes afirmaciones y marque las opciones que más se acercan a su experiencia. Sea tan sincero como pueda: si su respuesta es «nunca», marque la Opción 1; si es «siempre», marque la Opción 4, etc. Sume los puntos y consulte el Análisis para descubrir su puntuación. Las respuestas deben servirle para identificar los aspectos que debe mejorar.

Opciones

1 Nunca

2 Ocasionalmente

3 Con frecuencia

4 Siempre

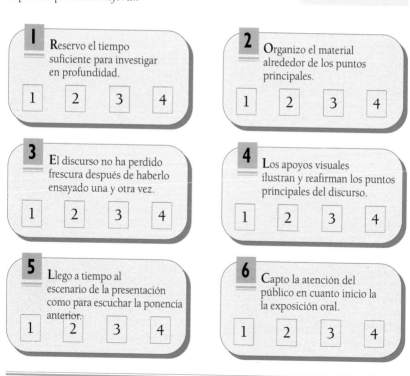

1 Reservo el tiempo suficiente para investigar en profundidad.

1   2   3   4

2 Organizo el material alrededor de los puntos principales.

1   2   3   4

3 El discurso no ha perdido frescura después de haberlo ensayado una y otra vez.

1   2   3   4

4 Los apoyos visuales ilustran y reafirman los puntos principales del discurso.

1   2   3   4

5 Llego a tiempo al escenario de la presentación como para escuchar la ponencia anterior.

1   2   3   4

6 Capto la atención del público en cuanto inicio la la exposición oral.

1   2   3   4

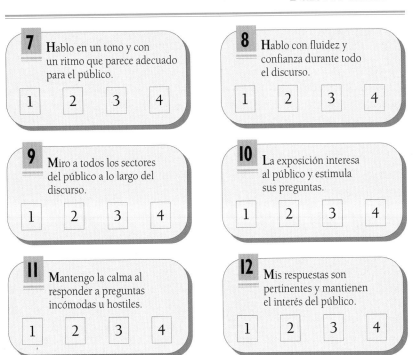

7 Hablo en un tono y con un ritmo que parece adecuado para el público.

1   2   3   4

8 Hablo con fluidez y confianza durante todo el discurso.

1   2   3   4

9 Miro a todos los sectores del público a lo largo del discurso.

1   2   3   4

10 La exposición interesa al público y estimula sus preguntas.

1   2   3   4

11 Mantengo la calma al responder a preguntas incómodas u hostiles.

1   2   3   4

12 Mis respuestas son pertinentes y mantienen el interés del público.

1   2   3   4

ANÁLISIS

Ahora que ha completado la autoevaluación, sume los puntos y compruebe su actuación leyendo la evaluación correspondiente. Independientemente del nivel de éxito obtenido durante su discurso, es importante recordar que siempre se puede mejorar. Identifique los aspectos en los que tiene dificultades y consulte las secciones de este libro, en las que hallará consejos prácticos para ayudarle a poner a punto su destreza.

12-24: Aproveche todas las oportunidades para aprender de sus errores; tómese más tiempo para prepararse y ensayar cada discurso que haga a partir de ahora.

25-36: En general, su destreza como orador es aceptable, pero necesita mejorar ciertos aspectos.

37-48: Su destreza como orador es buena, pero no sea autocomplaciente. Siga preparándose correctamente.

GLOSARIO

AGRADECIMIENTOS

AGRADECIMIENTOS DEL AUTOR

Para la publicación de este libro ha sido necesaria la colaboración de muchas personas.
En particular, deseo mencionar a los editores de Dorling Kindersley y a mi ayudante Jane Williams.

AGRADECIMIENTOS DEL EDITOR

Dorling Kindersley desea agradecer a Emma Lawson el papel importante que tuvo en la planificación
y el desarrollo de esta serie, a todos los que generosamente prestaron el atrezo para las fotografías,
y a las siguientes personas por su ayuda y participación:

Edición Tracey Beresford, Marian Broderick, Anna Cheifetz, Michael Downey, Jane Garton,
Adèle Hayward, Catherine Rubinstein; **Diseño** Helen Benfield, Darren Hill, Ian Midson,
Elaine C. Monaghan, Kate Poole, Simon Oon, Nicola Webb, Ellen Woodward;
Asistencia DTP Rachel Symons,; **Consultores** Josephine Bryan, Jane Lyle; **Índice** Hilary Bird;
Corrector de pruebas David Perry; **Fotografía** Steve Gorton; **Fotografía adicional** Andy Crawford,
Tim Ridley; **Ayudantes de fotografía** Sarah Ashun, Nick Goodall, Lee Walsh.

Ilustradores Joanna Cameron, Yahya El-Droubie, Richard Tibbetts; **Modelos** Carole Evans,
Vosjava Fahkro, John Gillard, Ben Glickman, Zahid Malik, Sotiris Melioumis, Mutsumi Niwa,
Ted Nixon, Mary-Jane Robinson, Lois Sharland, Gilbert Wu; **Maquillaje** Elizabeth Burrage.

Agradecimientos especiales a las siguientes personas por su ayuda a lo largo de la serie:
Ron y Chris de Clark Davis & Co por proporcionar papelería y mobiliario; Pam Bennett y el personal
de Jones Bootmakers, Covent Garden, por el préstamo de calzado; Alan Pfaff y el personal de Moss Bros,
Covent Garden, por el préstamo de los trajes de caballero; y Anna Youle por todo su apoyo y ayuda.

Proveedores Austin Reed, Church & Co., Compaq,
David Clulow Opticians, Elonex, Escada, Filofax, Mucci Bags.
Investigación de imagen Mariana Sonnenberg;
Ayudante de archivo de imágenes Sam Ward

CRÉDITOS DE IMÁGENES

Clave: *a* abajo, *c* centro, *i* izquierda, *d* derecha, *ar* arriba
Spicers Limited *10ci, 30c/ac,* 31 *ai/ci;*
Tony Stone Images cubierta, 4-5, 7*cd,* 21*ard.*

BIOGRAFÍA DEL AUTOR

Tim Hindle es el fundador de Working Words, la consultoría de lenguaje empresarial radicada
en Londres que ayuda a las empresas internacionales a redactar material en inglés y a comunicar sus
mensajes dirigidos al público con claridad. Tim Hindle, habitual publicista de temas empresariales,
colabora con *The Economist* desde 1979 y fue el editor de *EuroBusiness* desde 1994 hasta 1996.
Como editor y autor, ha publicado varios títulos, incluyendo *Pocket Manager, Pocket MBA,*
y *Pocket Finance* y una biografía de Asil Nadir, *The Sultan of Berkeley Square.*